清掃はやさしさ

世界一清潔な空港を支える職人の生き様

新津春子
Haruko Niitsu

ポプラ社

清掃はやさしさ

新津春子

JATEC

はじめに

1日に約20万もの人が利用する羽田空港。

国内線と国際線のターミナルがあり、日本全国からはもちろん、世界各国からたくさんの人が訪れます。モノレール、電車、リムジンバス、タクシーなどがひんぱんに到着し、多くの人たちが集まってきます。

旅への出発点であり、日本という国の空の玄関口でもある羽田空港。私の大好きな場所であり、かけがえのない仕事場でもあります。

私の職業は清掃員。羽田空港をきれいにすることが仕事です。

1995年に入社して以来、20年間ずっと空港の清掃にたずさわってきました。清掃という仕事に出会ったからこそ、私は自分の居場所を見つけ、自信を持って生きられるようになったのです。

「清掃を通じて、自分の居場所を見つけたとはどういうことだろう？」
「清掃によって、自信を持って生きられるようになったとはどういうことだろう？」
と不思議に感じる方もいらっしゃるかもしれません。

それは、私の生い立ちに関係しています。

私の父は、中国残留日本人孤児でした。父は自分が日本人であるとは知らず、養父母のもとで中国人として育ちました。生みの親の顔は、まったく記憶にないそうです。父の生みの親の手掛かりは、馬にまたがった軍服姿の祖父の写真、日の丸の旗、そして1冊の本だけ。

きょうだいがいたのか。なぜ肉親と離れることになったのか。事情がわからないだけでなく、本当の名前すら知りません。

養父母が亡くなる前、写真を見せ、「おまえは日本人の子どもだ」と伝えたそうです。そして、「日本人であることを知られないように」と言い残して亡くなりました。

まだ13歳だった父は、養父母と死に別れた後、たった1人で生きてきました。天涯孤独の身で、とにかく生きていくことに必死だったのです。

文化大革命が終わり、日本と中国の国交が回復。残留孤児の肉親捜しが始まったころ、私たちは父が日本人であると知らされました。

そのため小学生だった私は、平穏に暮らしていたのに、いじめられるようになりました。石を投げられ、泣きながら家に帰る日々が続いたのを覚えています。

幼い私は、「なぜ？　どうして？」と思うばかり。ただ、父が日本人からだろうということだけは理解していました。

そういう中、肉親捜しで日本を訪ねた父は、日本に帰国する道を選んだのです。両親と姉と弟と私。一家5人で来日しました。

しかし、日本語の読み書きはもちろん、カタコトの会話もまともにできない私たち家族にとって、日本での生活は厳しいものでした。

どんな仕事も、言葉のハンディがあっては務まりません。そんな中で唯一、見つけた仕事が「清掃」だったのです。

清掃は一生懸命に働く気持ちがあれば、見よう見まねでなんとかなる。現場で体を動かし、仕事を覚えれば収入が得られました。

最初は、日本で生きていくためにはじめた仕事でした。でも、今ではそうではありません。清掃という仕事を通して「恩人」と呼べる人に出会い、自分が進む道を見つけることができたからです。

そして今、私は自分の居場所を見つけ、充実した毎日を過ごしています。

私のこれまでと、清掃という仕事から学んだことをお話ししていきましょう。

2016年春

新津春子

清掃はやさしさ【目次】

第1章 中国から日本へ

「私ってなに？ と問い続けた」

第2章 運命の決断
「できるのは清掃だけだった」

第3章 私の道
「私の道、ついに見つけた！」

第4章 清掃のプロへの一歩
「ビルクリーニング技能士になる」

第5章 日本一の称号
「これで少しは恩返しができた！」

第6章 恩人の死

「常務、どうして死んじゃったの？」

第7章 2年連続世界一清潔な空港

「空港をきれいにする。それが私の使命」

編集協力――立野井一恵
写真撮影――松本健太郎
ブックデザイン――黒岩二三［Fomalhaut］

序章

空港は私の居場所

空港はおもてなしの場

皆さんは、羽田空港の屋上に出たことがありますか。
私は、「ストレスがたまっているな」「ちょっと疲れたな」と感じたとき、いつも屋上にやって来ます。空港でいちばん気持ちのいい大好きな場所だからです。

海や港まで見渡せる、見晴らしのよさ。
どこまでも広がる、大きな空。
思わず、深呼吸したくなる、すがすがしさにあふれています。

そして、飛行機！
たくさんの人を乗せて、滑走路から飛び立つ姿を眺めていると、今自分が悩んでいることがちっぽけに思え、疲れが吹き飛んでしまうのです。
この羽田空港で働いていることに、誇りを感じずにはいられません。

私は20年間、羽田空港の清掃員として働いてきました。その前も含めると約28年間、「清掃」という仕事に関わっています。

オフィスビルでも、商業施設でも、清掃はなくてはならないものです。
ふだんは気づかないかもしれませんが、皆さんが働いたり、遊びに行ったりする場所には、ゴミを捨て、床や窓を磨き、洗面所やトイレをきれいにしている人たちが必ずいます。地味で陽の当たらない仕事ですが、快適な毎日に欠かせないのが清掃という仕事です。

空港は、国内外のお客さまをお出迎えする場所です。
飛行機の中ではキャビンアテンダントの皆さんが、食事やドリンク、雑誌やブランケットなどを用意して、お客さまに少しでも心地よく過ごしていただこうと心をくだいています。

清掃員である私たちは、飛行機を利用する方、お見送りやお出迎えの皆さまが空港を気持ちよく利用していただくために働いています。

ビジネスにしろ、観光にしろ、清潔感のない空港ではお客さまは不愉快な気分になります。旅の時間は、空港からすでにはじまっているのです。

羽田空港のエントランスに、次のような言葉を記したモニュメントがあるのをご存じでしょうか。

訪れる人に安らぎを、
去り行く人にしあわせを
(PAX INTRANTIBVS SALVS EXEVNTIBVS)

これは、「中世の宝石箱」と呼ばれるドイツの街、ローテンブルクを囲む城門、シュピタール門に刻まれているもので、私が所属する日本空港ビルデングループの理念を象徴する言葉になっています。

このモニュメントを見ると、思わず背筋を伸ばしたくなります。清掃に向き合う気持ちをあらためて思い出すからです。

空の玄関口である空港は、お客さまをおもてなしする場所。

ホコリがたまっていたり、ゴミが落ちていたりしてはならない。

私はいつもそういう気持ちで空港内を巡回し、さらに美しい空港をめざして働いています。

５００人のスタッフが清掃に従事する羽田空港

１日約20万人もの方々が利用する羽田空港。

第１・第2旅客ターミナルの清掃員はあわせて約５００人。清掃員の在籍者数は７００人を超え、それぞれのチームにわかれ、シフトを組んで作業をしています。国内線の２つのターミナルに加え、国際線のターミナルもでき、空港の規模は年々大きくなっています。

ひとくちに羽田空港といっても、その範囲はとても広く、第1旅客ターミナルが約29万平方メートル、第2旅客ターミナルが約25万平方メートル、国際線ターミナルが約24万平方メートルもあります。

３つのターミナルで合計約78万平方メートルと、東京ドーム約17個分に相当する広大な施設です。

面積が広いだけでなく、清掃する場所がともかく多いのも特徴です。

空港の清掃というと、洗面所やトイレなどを思い浮かべるでしょう。それだけでなく、建物内のあらゆる場所を私たちが担当しています。

たとえば、リムジンバスで空港ターミナルに到着したら、その降り立った場所からすべてが清掃の対象になります。

私たちが「犬走り」と呼ぶ、建物まわりの軒下部分はもちろん、手荷物用のプッシュカート、自動ドア、窓ガラス、外壁……、車路より内側はほぼすべてが守備範囲です。

飛行機の発着はだいたい夜9時ごろまでで、遅くても午前0時には終了します。

そのため、人通りの多い場所は、早朝や夜間に清掃します。たとえば、自動ドアやガラス扉、天井、床、壁などをピカピカになるまで磨きあげます。

また、フロア内は基本的に夜間清掃（夜の9時半から朝の4時まで）で、お客さまがいらっしゃらないときこそ、広い場所をしっかり清掃できます。

静電気でホコリを呼びやすいエスカレーターの手すりや周囲の壁、エレベーターの扉や床、ロビーに設置されたソファなども毎日、清掃して清潔さをキープするのが私たちの仕事なのです。

空港にはいろいろなドラマがある

ある日、少し前に掃除したはずの洗面所が水浸しになっているというクレームが届きました。もちろん、この場合はすぐ現場に直行してきれいにしなければなりません。

到着してみると、先ほど清掃したはずなのに、洗面台のまわりがあり得ないほどびしょぬれになっています。なぜか、こういうことが数回、続きました。

ある日、大きなスーツケースを持った中年の女性がトイレから出てくるのを見かけました。服装も独特で、何度かお見かけしたことのある方です。もしや……と思って行ってみると、洗面所が水浸しです。

同僚に聞くと、その女性は毎日やって来て、あちこちの洗面所に水をまき散らす常習犯だとわかりました。

その後、とうとうその現場に出くわしました。

その女性が蛇口から流れる水を手ですくい、くりかえし鏡や床にかけています。私が「お客さま」と声をかけると、女性はハッとしたように手を止めました。

なぜそんなことをするのかと聞いてみると、事情ははっきりしませんでしたが、航空会社によくない感情を抱いているのがわかりました。洗面所を水浸しにするのは航空会社への嫌がらせだったのです。

羽田空港には各航空会社のゲートがありますが、空港ターミナル自体は航空会社のものではありません。そのことをご説明すると、女性は「あら、そうなの？」と言い、二度と姿を見せることはありませんでした。

それだけではありません。

ある日、洗面所の清掃に行くと、密封したダンボールが置いてありました。こういう場合は、清掃員が手を触れたり、開封したりしてはいけない決まりです。危険物の可能性もあり、万一の事故に備えた対応が必要だからです。

警備の専門スタッフが到着し、緊張しながらなりゆきを見守りました。ダンボールを開封してみると……、なんと中に入っていたのは犬の死骸でした。

ペットのものだと思われましたが、十分な供養もせず、なぜ空港に、しかもトイレに捨てていくのでしょう。

不審物を発見することはごくまれにあり、そのたびに緊張が走ります。

また、男性トイレの個室からか細い声で、

「すみません、下着を買ってきてもらえないでしょうか……」

と呼びかけられたこともありました。急に襲ってきた便意に耐えられず、汚してしまったというのです。お気の毒なことですから、空港内のコンビニに走り、お客さまに下着をお渡ししました。

思いがけない事件に出会うたび、空港にはいろいろなドラマがあると感じます。

見えないところまできれいにしてこそ清掃

空港内には、スモーキングルームやマッサージチェアのあるリラックスコーナー、お子さまが靴を脱いで遊べるキッズコーナーなど、さまざまな施設があります。

こういう場所も清掃員が毎日、目を光らせています。

季節に応じて変わる観葉植物や花のプランターも、枯れ葉やゴミが捨てられていないか、随時チェックしています。お客さまに気持ちよく過ごしていただけるよう設置しているのに、みずみずしい姿でないと逆効果だからです。

コインロッカーの清掃も欠かせません。

外側の扉だけでなく、ロッカーの内部を毎日すみずみまで拭いています。食品のにおいなどが残っている場合もあるので、きちんと消臭します。

ロッカー内がきれいでないとスーツケースが汚れたり、せっかくのおみやげににおいがついたりしかねないからです。

夜景の美しさで人気を集める展望デッキやその周辺、あるいは空港内のオブジェも私たちが清掃しています。

また、空港ターミナルには、飛行機に搭乗するだけでない楽しみ方があります。

羽田空港限定のおみやげ品がたくさんあり、最近ではショッピングやグルメを目的にいらっしゃるお客さまも増えてきました。

実は空港内のショップやレストランも私たちの清掃範囲です。テナントの方は販売や調理、接客がメインの仕事ですから、清掃は私たちにまかされています。

ちなみに、清掃員の制服は2種類あって、黒いポロシャツにベレー帽をかぶっているのは、日常清掃のスタッフ。つなぎ（男性はブルー、女性はレッド）を着ているのは、定期清掃とガラス清掃のスタッフです。

担当エリアは違いますが、空港の清掃という仕事には変わりありません。仕事中にすれ違うとき、みんながそれぞれの場所で頑張っていることを実感します。

仲間たちとの連携が美しい空港をつくる

日本空港ビルデングは、空港ターミナルの運営・管理全般に携わっています。私はそのグループ会社の1つである日本空港テクノに所属しています。

そのため、清掃員以外に、空調や洗面所まわりなどのさまざまな設備をメンテナンスする設備スタッフもいます。また、インフォメーションに常駐する方や、お客さまの癒しになるお花や植物を提供するグリーンサービスの人々も同じグループの仲間です。

羽田空港で働くスタッフは約3万人。たくさんの人たちが空港を支えています。

空港に関わる仕事をしている人たちは、基本的に制服を着用しています。

私は、制服を着たスタッフ同士が笑顔をかわしあう瞬間が大好きです。お客さまに対しても同じ笑顔で頑張っていることに気づくからです。

職種が違う仲間とも「おはよう」「こんにちは」「さようなら」と気軽にあいさつをかわしますし、仲間意識が高いのもよいところだと感じています。

たとえあいさつ程度でも、日頃の交流があれば、コミュニケーションがとりやすいものです。

たとえば、枯れた花や葉っぱ、折れた枝などを取りのぞくように連絡したりするのも清掃員の仕事です。

しかし、そもそも植物の種類によってはみずみずしい状態を長くキープできないものもあります。植えた直後は美しくても、日持ちしない植物や花は残念ながら空港には不向きです。そうした場合には、お花や植物を提供する担当の方に「植物を変えたらどうですか？」と言うこともあります。

作業中に気づいた点を情報交換し合える風通しのよい環境。それもまた清潔な空港を支えています。

「清掃」と「掃除」の違い

清掃と掃除。似ている言葉です。そのため、同じような意味で使っている方も多いのではないでしょうか。

しかし、私は清掃と掃除はまったく違うものと考えています。

たとえば、家の中をきれいにする作業は「掃除」です。年末などに行うときは「大掃除」と言いますが、大清掃とはなぜか言いません。

また、「清掃員」は掃除員とは言いませんし、業界の呼び方も、「清掃業界」であり、掃除業界とは言わないものです。

違いに気づいていなくても、多くの人は清掃と掃除を知らないうちに使い分けています。

では、２つの違いはなんでしょうか。私は、

掃除……自分の家などを、自分達が満足するレベルにすること
清掃……技術や知識を持つプロが、お金をいただいて行うこと

だと考えています。


私にとって、掃除は「家事」ですが、清掃は「仕事」です。

掃除は自分や家族が満足すればＯＫなのに対して、清掃は「品質」が要求されます。

さまざまな道具や機械、洗剤などを使い分け、すみずみに気を配り、清潔な環境を維持するのが清掃員の仕事です。


おもてなしの心でお客さまの視点に立って作業すること。これが「清掃」です。

私は、「清掃員」である以上、プロの仕事をしなければならないと思っています。

清掃はサービス業

清潔な空間は、おもてなしの基本です。そういう意味で、私は「清掃はサービス業」だと思っています。

もちろん、清掃には決まった手順があり、クリーニング技術も必要ですが、単にガシガシ汚れを落とせばいいというものではありません。

どこに目を配り、どういうふうに清掃するか。お客さまにとっての清潔とはなにか。

そういった視点がなければ、けっしてよい清掃にはならないからです。たとえば、床の清掃を例にとってみましょう。

空港にはさまざまなお客さまがお越しになります。赤ちゃんはちょっと目を離したすきにハイハイをはじめますし、活発なお子さんは平気で床に寝転んだりします。そんなときに、床が汚れていては服が台なしになりかねません。

あるいは、万が一の可能性で落ちているゴミを口にするようなケースもあってはならないことです。

さらに、アレルギーをお持ちの方は、ちょっとしたホコリにも敏感に反応してしまいます。

また、ぬれた床は転びやすいので、ケガや事故につながりかねません。お体の不自由な方やお年を召した方には、特に危険です。

ほかにも、あまり知られていませんが、お弁当に入っているつまようじ1本でさえ、丸いタイプのものは転がりやすく、お客さまのスリップの原因になります。

見た目のきれいさだけでなく、安心で安全な空港にお客さまが利用するためには、きちんとした清掃が欠かせないのです。

やさしい気持ちがよい清掃につながる

ただ、今ではこんな偉そうなことを言っていますが、若いころの私の清掃は「ただがむしゃら」なものでした。

羽田空港で働き始めた当時は、体力があり、清掃のいろいろな現場を経験していたことで、清掃技術に関してはある程度の自信があったのです。そのため、汚れを落として、きれいになっていれば、それで十分だと思っていました。

それだけではダメだと気づいたのは、ずっと後のことです。

自己満足に終わらず、心を込めて清掃すること。

目に見えない部分も含め、使う人の立場になって考えること。

清掃になにより肝心な「心」について気づかせてくださったのは、今は亡きかつての上司、鈴木優《まさる》常務です。

鈴木常務は、男性中心だったセクションに私を採用してくださった恩人であり、この人がいなかったら生きていけなかったほど恩のある方です。

会社のお金でさまざまな研修に行かせていただき、ビルクリーニング技能士の国家資格も取得させていただきました。

でも、羽田空港で働きはじめた当時の私は、清掃にいちばん大切なことがわかっていなかったのです。

鈴木常務は言葉数の少ない方でしたが、あるとき、

「あなたの清掃には、やさしさが足りない」

と指摘されました。その衝撃は今でも忘れません。

私が本当の意味で、清掃のプロの道を歩み始めたのは、その言葉がきっかけだったのです。

空港からスタートした新しい人生

羽田空港は、私にとってかけがえのない場所です。

思えば、日本という国に初めて到着したのも空港でした。羽田ではなく千葉県の成田国際空港でしたが、そのときは自分が将来、空港で働くことになるとは考えてもいませんでした。

当時は飛行機に乗ることさえ初めてで、外国の方を目にするのも初めて。見るもの聞くもの、すべてが珍しく、ただただ目を丸くして、新しい人生への期待に胸をふくらませていました。

実は私が生まれたのは日本ではありません。私は小さいころは中国東北部にある街で暮らしていました。

幼いころはまったく知りませんでしたが、父は中国残留日本人孤児だったのです。養父母と早く死に別れた父は、自分が日本人であることを隠し、苦労しながらたった1人で生きてきました。

その後、母と知り合い、結婚。私たちきょうだいが生まれました。

それまでは生きていくのに精一杯だったでしょう。父は戦後30年以上が過ぎ、残留孤児の肉親捜しがはじまってようやく、日本人である自分のルーツを確かめる気になったのです。

では、私たち一家がなぜ来日し、その後、どうやって暮らしてきたかをお話ししていきましょう。

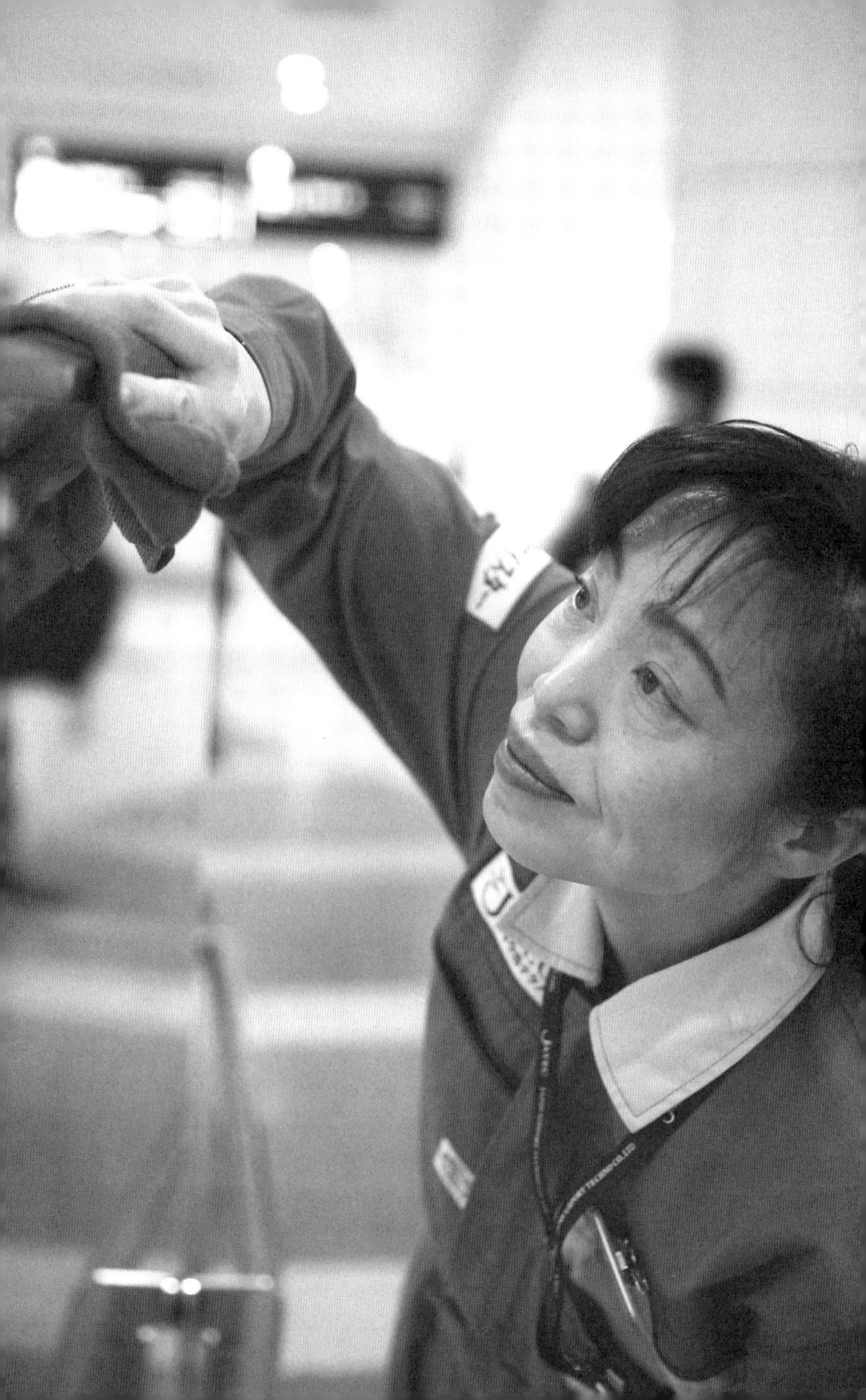

第1章

中国から日本へ

「私ってなに？　と問い続けた」

「貧しくても豊か」だったわが家

私は1970年、中国の東北地方にある「瀋陽《しんよう》」という街で生まれました。戦前は旧満州で「奉天《ほうてん》」と呼ばれていたので、年配の方はそのほうがわかりやすいかもしれません。

冬場は1月の平均気温がマイナス13℃と寒く、当時はマイナス30℃近くまで下がる日さえありました。北京や上海などの大都市と違う、田舎の地方都市です。この街で、両親と姉と弟の5人家族で暮らしていました。

一人っ子政策が始まる前だったということもあり、私は3人きょうだいです。

小さいころの記憶で覚えているのは、近所の人が集まってきて、みんなでテレビを見ている光景です。あまりにも大勢すぎて、部屋がすし詰め状態になり、窓ガラスが割れてしまったことさえありました。

当時は、まだ中国全体が貧しく、テレビもほとんど普及していない時代でしたが、なぜか近所でわが家だけテレビがありました。とはいえ、画面はモノクロでチャンネルも1つしかありません。それでも多くの人がわが家にテレビを見に来ていました。

電化製品もほとんどなく、洗濯は母が手でしていました。寒い季節はきっと大変だったことでしょう。

服装も大人は人民服ばかり。同級生の中には破れた服をつくろって着たり、同じ服をずっと着続けている子も珍しくなかったのです。

そういう中で、両親はお正月には必ず、私たちに新しい服を買ってくれました。

住まいも庭付きの一戸建てでしたし、中国で暮らしているころ、わが家は裕福なほうだったのだと思います。

中国残留日本人孤児だったお父さん

私が小学生のときです。突然、お父さんが「俺は日本人だ」と言ったのです。当時私はまだ幼かったので、「中国残留日本人孤児」という言葉も知りません。

戦争ははるか昔に終わっていて、私にとっては遠い過去のことでした。自分のことを当たり前のように中国人だと思っていた私は、自分の父が戦争で親と離れた日本人だとは考えたこともありませんでした。

今思えば、父が日本人だとわかったのは、文化大革命が終わり、田中角栄首相（当時）のおかげで、中国と日本の国交が復活したころでした。

戦後30年が過ぎて日本人であると言える時代になり、父もようやく、自分のルーツを考えるようになったのかもしれません。

父は、1歳のころに養父母に引き取られ、中国人として育ちました。

なぜ親きょうだいと別れたのか。

どういう事情で養父母と暮らすことになったのか。

父自身はなにも知りません。

育ててくれた養父母は、父がまだ13歳のころに亡くなってしまいました。きょうだいも親戚もいない天涯孤独の身で、父はたった1人で生きてきたのです。

同情する近所の人たちにお世話になりながら、あちこちで食事をもらい、自分の力で生きていこうと必死でした。

日本でいえば、まだ中学生です。そんな年でひとりぼっちになってしまったなんて、どんなに大変だったことでしょう。

無口で頑固だけど頼りになる父。人に合わせようとしないマイペースな性格は、そんな境遇による影響も大きいのだと思います。

父は小学校しか卒業していませんが、自動車の整備工場に居候し、「師匠」と呼ぶ方に目をかけてもらいながら、技術と知識を身につけ、一人前の整備士になりました。家庭もなく、家族もいない父は工場に寝泊まりし、ぶっ続けで働き、次第に工場になくてはならない存在になったのです。自動車の組み立てが1人でき、道具も自分でつくってしまうほどの腕を持っていました。

その後、母と出会い、結婚。私たちが生まれました。

「お前は日本人の子どもだ」

父を育ててくれた養父母は、自分たちの寿命がもう長くはないと感じたのでしょう。ある日、父に1枚の写真を差し出したそうです。

軍服姿で馬にまたがった祖父の写真でした。

軍人であることは間違いありませんが、名前も、出身も、所属部隊もわかりません。日本人である手掛かりは、その写真と日本の国旗、そして1冊の本だけで、ほかにはなんの情報もなかったそうです。

死の間際、写真を見せながら「お前は日本人の子どもだ」と伝え、「日本人だと誰にも知られないように」と言い残したと聞きました。

今よりはるかに、反日感情の強かった時代です。日本人だとわかれば、生きていけないかもしれない。

養父母の言いつけを守り、父はその写真を封印して生きてきました。

リーベングイズ（日本鬼子）の写真

1972年、日本と中国の国交が正常化しました。

1975年には報道機関による中国残留日本人孤児の身元に関する公開調査が実施され、1981年には厚生省の調査がはじまりました。

おそらく、この流れを受けてのことでしょう。

私が小学2年生のころ、家族会議が開かれました。父があらたまって話すのは初めてのことでした。

私たちは、父が日本人であること、いつか日本に行って肉親捜しをしようと思っていることなどを聞かされました。

といっても、細かい事情はほとんど母が説明し、無口な父はときどき口をはさむ程度でした。

そのときに初めて、祖父の写真と古びた日の丸の国旗、軍人が天皇陛下から渡されたという本を見せられたのです。

写真と国旗と本。これだけが父が日本人であることを示す証拠でした。

「いったいどんな話を聞かされるのだろう」

ドキドキしながら待っていた私にとっては、父が日本人であるという事実より、その写真のほうが大きな衝撃でした。

「うわあ！　うちのおじいちゃん、リーベングイズだ！」

と頭がまっしろになるほどショックでした。

リーベングイズとは、「日本鬼子」と書き、日本人に対する最大級の蔑称のことです。当時、中国の学校では、抗日戦争映画を毎年のように上映していました。侵略してきた日本人に虐げられていた中国人が立ち上がり、ついに勝利するといった内容です。映画には長い刀を持ち、立派なひげをはやした日本の軍人が、罪もない中国人を斬り殺すシーンが必ずといっていいほど出てきます。

写真の祖父は、その中に登場する日本人の姿とそっくりでした。

それまでは自分が中国人だと思い込んでいましたから、中国人が勝利するエンディングで同級生と一緒に拍手をしていました。

でも、写真を見てからは、日本刀を腰につけ、軍馬にまたがる祖父の姿がだぶって、画面を正視することができません。映画の上映が終わるまで、ずっと下を向いていました。

私が受けたショックを、中国人である母がどう受け止めたのか。今に至るまで、詳しく聞いたことはありません。

ただ、母は昔から父にはほとんど逆らわず、子どもたちには、

「お父さんは可哀想な人なのよ」

とよく言っていました。

普段はおしゃべりで気の強い母ですが、家庭や家族に縁のなかった父の生い立ちを知り、深く同情していたことは確かです。

突然のいじめと苦悩

父が日本人だという事実を知っても、うちの中では今までどおりの生活でした。

ところが、外ではそうではありません。私は学校でいじめられるようになったのです。

「父が日本人」と自分から話すことはありませんでしたが、どうも父が学校に提出する書類の民族を示す欄に、「大和民族（ダーフーミンズー）」と書いたようでした。大和民族とは、日本人という意味です。

父が日本人だという噂は、先生をはじめ、クラスのみんなにあっという間に広まっていきました。

同級生には「リーベングイズ！」と罵倒され、嫌がらせを受けます。男の子からは石を投げられ、毎日、泣きながら家に帰った記憶があります。小学生にとってはつらい環境でした。

親戚のおじさんからは、「やられっぱなしじゃだめだ、ちゃんとやりかえしなさい」とアドバイスされ、ひどいいじめをする子には反撃したこともあります。

しかし、相手は大勢です。私は、次第に孤立するようになりました。

お父さんが日本人だとわかったとたん、なぜいじめられるの？

私はなにも変わらないのに、どうして？


何度も何度も考えました。もちろん答えは出てきません。学校は居心地が悪く、ずいぶん悲しい思いをしました。

ただ、親には不思議と、いじめを訴える気にはなりませんでした。

忙しい親に心配をかけたくないというより、学年でトップクラスの成績だった姉が、まったくいじめられていなかったせいもあるかもしれません。

姉に比べて、私は勉強がきらいで成績もよくなく、先生に気に入られていないという引け目もありました。小柄で体が弱く、病気になりやすかった弟も、同じようにいじめられていました。

日本に対する私の思いは複雑でした。

中国で生まれ育った私は、日本人に会ったことさえありません。ずっと中国人のつもりで生きてきて、抗日戦争映画も中国人の立場で見ていました。

それがいきなり日本人と中国人のハーフだと言われても、どうしていいのかわからない……。それが正直な気持ちだったのです。

でも、父が日本人である事実は変えられません。

戦争のとき、悪いことをした人がいたかもしれないけれど、それはずっと昔の話。いつの時代にも、いい人間もいれば悪い人間もいる。それは日本人も中国人も変わらないはずだと私は思いました。

しかし、反論もできず、いじめに耐えながら毎日を過ごすしかありませんでした。

肉親捜しの旅へ

父は、とうとう日本へ肉親捜しの旅に行くことを決めました。

厚生省のサポートで第1陣、第2陣……と日本を訪問するグループが続々と出発していました。しかし残留孤児の数は多く、審査や手続きには気が遠くなるような時間がかかります。

「順番を待っていたら、いつになるかわからない」

そう判断した父は、日本政府が費用を負担するルートをあきらめ、お世話をしてくださるボランティア団体などを頼り、自費で日本へ行く方法を選択したのです。

自分のふるさとを見たい、本当の両親のことを知りたいと思ったのでしょう。人間としては当然のことです。母も反対はしませんでした。

このときは父は1人で日本に行きました。

しかし、名前もわからず、手掛かりはたった1枚の写真と国旗、それに本だけです。結局父は、両親どころか親戚すら見つけられず、なんの収穫もないまま帰国の途につきました。

期待して出掛けたにもかかわらず、肉親探しはうまくいきませんでした。

でも、日本から帰ってきた父は、まるで人が変わったようにおしゃべりでした。無口でほとんど話さない人だったのに、夜遅くまで日本の話をしてくれるのです。父にとって、日本の印象が強烈で、カルチャーショックを受けたようでした。饒舌《じょうぜつ》に話す父を見たのも生まれて初めてでした。

中国ではまだ個人でカメラを持っていない時代です。父は、東京、大阪、京都、北海道など、訪れた場所の絵はがきをたくさん買ってきて、それを見せながら、私たちに楽しかったことやおもしろかったものをいろいろと説明してくれました。

絵はがきだけでなく洗濯機などの電化製品、子ども用のカラフルな自転車、おしゃれな洋服など、当時の中国では絶対に手に入らないものを、いろいろ買い込んできました。

ちなみに、子ども用の自転車は、姉がオレンジ、私がピンク、弟がブルーと、きょうだい全員に父が買って、船便で送ってくれました。

中国では、地味な人民服しかなく、テレビも白黒だった時代です。色あざやかで便利な製品、おみやげの数々はまるで夢のようでした。

珍しいお菓子などもたくさんあり、私は無邪気に喜び、同級生にもおすそ分けしましたが、それが反感を買ったのか、さらにいじめられました。

当時父は、「50年の差があった」と、何度も何度も話していたのを覚えています。文化大革命が終わったばかりの中国と、高度成長後の日本では確かにそのぐらいの差があったでしょう。車の整備士だった父は、テクノロジーの進歩にも衝撃を受けたはずです。

今考えれば、たった一度の訪日で、家族全員で日本に行って暮らすことを、父はもう決心していたのだと思います。

頼れる肉親が見つかったわけでもなく、日本語の読み書きもできなかったのに、父の決意は揺らぐことがありませんでした。

母の決断

日本で暮らすという父の決断に、母はきっと、そうとう悩んだと思います。

日本は父には祖国ですが、中国人である母にとっては見知らぬ外国でしかありません。母は7人きょうだいの長女で、叔父や叔母たちはみんな近所に住んでいました。祖父母も元気でしたし、ふるさとを離れるのはつらかったでしょう。「日本に行けば、親の死に目に会えない……」と涙ぐんでいたことを覚えています。

しかし結局、父の決断に従いました。信じられないかもしれませんが、中国ではそれが当たり前の時代だったのです。

私たちきょうだいも、父が決めたならと思い、あまり不安を感じませんでした。情報もほとんどなく、本当に子どもだったのです。

家族全員で日本に旅立つ日が来ました。

父が買ってきたおみやげに触れ、日本の話を聞き、夢をふくらませていました。

その当時は、国内旅行ですら一度もしたことがありません。レジャーや余暇を楽しむという時代ではなく、海外旅行なんて夢のような出来事です。


飛行機に乗れる。

外国に行ける。


それだけでワクワクしました。

しかし、私以上に楽しみにしている人がいました。

飛行機がもうすぐ日本に到着するというとき、父が「日本だ！　日本だ！」と子どものようにはしゃいでいるのです。

座席に座ってシートベルトを着用しなければいけないのに、早く降りたいと思うのか、ベルトをはずし、通路に立ってウロウロしているのです。

「お客さま、お座りください」

「お父さん、ベルトを締めなきゃダメよ」

キャビンアテンダントの方や家族が注意しても聞きません。それだけ日本に行きたいという強い思いがあったのだと、とても驚きました。

夢の国、にっぽん

成田国際空港についたときの感動は今も忘れません。

旅客ターミナルは近代的な建物ですし、中国では会ったこともない、外国の人たちが歩いています。人種の違う人々を目にしたのさえ、初めてでした。

カーキ色の人民服とは違い、素敵なファッションに身を包んだ人がたくさんいますし、お店には色とりどりのおみやげや知らない食べ物がいっぱい並んでいます。

あれはなんだろう？

いつかこれを食べてみたいな。

ショーウインドウを眺めるだけで、胸が高鳴りました。

私が子どものころの中国では、りんごやバナナなどの果物しかなく、ケーキやジュース、キャンディやチョコレートなどのお菓子はありません。日本に来てコーラやカルピスを飲み、こんなおいしい飲み物があるなんてと感激したほどです。

そして、可愛いぬいぐるみたち！

今でも私はぬいぐるみが大好きですが、いろんな動物のぬいぐるみがたくさん並んでいるのを見て、欲しくなりました。

なんて素敵なんだろう！

お父さんが感動していたのは、こういうことだったんだ。

「これから、こんなエキサイティングな国で暮らすんだ！」

そう思うだけで楽しくなり、その日はなかなか眠れませんでした。

郭春艶から「田中春子」に

日本に来て1週間は台湾の方が経営しているホテル住まいでしたが、その後、お父さんの知人からの紹介で、残留孤児の生活を支援する施設に移り、約1カ月お世話になりました。

そこのスタッフの方々が、日本語ができない私たちのために、いろいろな手続きを代行してくださったのです。

それから、品川区にある都営住宅に移りました。築30年ぐらいの古い建物で、間取りは2LDKです。

都営住宅の家賃は無料でした。

収入がない中国残留日本人孤児の一家なので、優先的に入居できたのです。

そして、私の名前は、「郭春艶《カクシュンエン》」から「田中春子」に変わりました。田中という姓は、日本と中国の国交正常化を実現した田中角栄首相（当時）にあやかってつけたものです。この方がいなければ、私たち一家は来日できなかったでしょう。

家族全員が新しい名前に変わり、日本での生活が始まりました。

パンの耳がごちそう

まずは、一家5人が暮らしていく生活基盤をつくらなければなりません。最初の興奮が過ぎると、厳しい現実が待っていました。家賃にしろ、食料品にしろ、中国と日本では物価がまったく違います。

当時は円が高く、持ってきた蓄えもすぐ底をついてしまいそうでした。

申請すれば生活保護が受けられたのに、父はその場で断ってしまいました。自分の意志で帰国した以上、国の世話にはならず、自分たちの力でやっていくというのが父の考えでした。

養父母が亡くなってから1人で生きてきた父です。腕一本で人生を切り開いていく自信があったのでしょう。

とはいえ、母に何の相談もなく決めてしまったので、

「育ち盛りの子どもが3人もいるのに、どうするつもりなの！」

と大げんかしていたのを覚えています。

弟はまだ義務教育の年齢でしたから地元の中学に編入しましたが、生活していくには、それ以外の家族はみんなで働かなくてはなりませんでした。

姉だけは多少日本語の読み書きができたのですが、両親も私も弟もまったく日本語はできない状態でした。

両親はそれなりの覚悟があったと思いますが、いざ仕事を探そうとすると、予想以

上に言葉の壁がネックになりました。

工事現場や飲食店で働こうにも、コミュニケーションがとれなければ仕事になりません。会話も読み書きもスムーズでない人間では、そもそも雇ってくれるところがないのです。

お金を節約するために、当時よく食べたのが「パンの耳」でした。

1袋30円。量もけっこうあります。私はこれを「おいしい」と思いながら食べていました。

中国にいたころは、肉まんの皮のような蒸しパンばかりで、西洋風のパンはほとんど食べたことがなかったからです。

家族みんなでよく食べました。食費の節約になり、本当に助かりました。

家族みんなで清掃の仕事に

しかし、それでも貯金はどんどん減っていきます。

なんとかして生活費を稼ぎたい。

私たちにできる仕事はないか。

「仕事をください」と日本語で書いた紙を持って、あちこち歩きまわっていたとき、目に飛び込んできたのが「清掃」という文字でした。

清掃員を募集するチラシが電信柱に貼られていました。日本語はよくわからなかったのですが、漢字の意味は理解できます。

清掃なら、私たちにもできるかもしれない。

言葉がダメでも、体を動かす仕事ならできるはずだ。

ワラをもつかむ思いで、T管財というその会社を訪ね、カタコトの日本語で雇ってくれるように頼むと、そこの社長さんが「いいよ」と言ってくださったのです。

両親と姉と私は、翌日からその会社で働くことになりました。社長と従業員数名だけの小さな会社でしたが、タイミングがよかったのでしょう。車で現場に行き、身振り手振りをまじえて、清掃のやり方を教えてもらいました。

後で知ったのですが、夏休みの時期になると、マレーシアから中国系の人たちが大勢出稼ぎにやって来ました。その人たちを多くの現場に派遣しているような会社だったので、言葉があまり通じない外国人との仕事に慣れていたのでしょう。

T管財の社長さんには、本当に感謝しています。ここでの仕事が見つからなかったら、どうなっていたことか。

そして、結果的に私が清掃という仕事に関わる原点にもなりました。

清掃は頑張っただけ報われる仕事

ラッキーだったのは、T管財の仕事が現金払いだったことです。

また、仕事内容はいわゆる「定期清掃」で、具体的には、オフィスの廊下や床の洗浄をする仕事が中心でした。

最初から機械を扱えるわけではありませんが、機械が得意で勘のいい父は、すぐ使えるようになりました。

私はモップをかけたり、汚水を回収したりする作業からはじめ、現場に慣れていくうちにこれらのやり方を覚え、少しずつ仕事をまかされるようになりました。

多くの場合、清掃は「日常清掃」といってゴミ集めや床の掃き拭きをする仕事が多く、１日拘束されます。

うれしいことに定期清掃はその日のノルマが終われば帰れます。その気になれば他の仕事と掛け持ちすることもできました。

当時、日常清掃で時給900円ぐらい、定期清掃で日給8500円ぐらいだったでしょうか。少しでも多くお金を稼ぎたい私たちにとっては、定期清掃のほうが金額的にも魅力的でした。


慣れないうちは、機械をぶつけたり、備品をこわしたりすることもありました。あせってあやまると、T管財の社長さんは、

「いいよ、いいよ。だいじょうぶだから」

と言ってくださり、ずいぶん救われたものです。


両親と姉と一緒に、私も一生懸命に働きました。家族が清掃という仕事を経験したのは、日本に来てからです。

当時の中国では、清掃員の仕事はありませんでした。

今振り返ると朝から晩まで働きづめだったのですが、不思議に苦労とも感じません

でした。中国にいるときよりずっと楽しく、充実した毎日を過ごしていたからです。

働いた分だけ、お金がもらえる。

頑張れば、仕事が覚えられる。

しかし、働き口は見つかったものの、収入源ができたことで、無料だった家賃も払わなければいけなくなったので、あいかわらず節約の日々が続きました。

毎日持っていくお弁当は、ビスケット一包みとゆで卵が定番でした。

当時、10個入りの卵が1パック68円で安かったのです。ビスケットは1本100円だったと記憶しています。

私たちの食事を見て、社長の妹さんがみそ汁を出してくださったり、社長さんからジュースやお弁当をごちそうしてもらうこともありました。

言葉のハンディがあった私たちを差別せず、働かせてくださったおかげで、なんとか生活のメドが立つようになったのです。

日本の高校に通う

そうこうしているうちに、来日して2年が経ちました。

私は清掃の仕事を続けていましたが、姉はその後、別の企業に就職しました。車の免許を持っていた父は大型免許を取得し、トラックの運転手に転職。大手運輸会社で働くようになりました。

もともと自動車に詳しい父は荷物のコンテナを要領よくさばくことができ、テストにもラクラク合格。日本語はまだ完璧ではありませんでしたが、すぐに採用され、清掃員より収入のよい仕事に就くようになったのです。

割増料金になる深夜便の運転もよくやっていて、体力のある私がアシスタントにつくこともありました。

意外なことに、日本での生活になじむのが早かったのが母です。

T管財は大手清掃会社の下請けでしたが、人あたりがよく仕事を覚えるのが早かった母は気に入られ、なんと元請けの会社に誘われて正社員になりました。これにより、両親と姉の3人が、安定した収入を得るようになったのです。

ようやく生活の基盤ができた私は都立の高校を受験しました。

日本語はまだ十分ではなかったものの、帰国子女として入れる高校があり、無事合格。同級生より少し年上ですが、同世代の人たちと一緒に学校生活が送れるのをうれしく感じていました。

再びのいじめ

ところが、平和だったのは入学当初だけでした。

ある日突然私の座るいすに、画びょうがとがった側を上にして並べられているではないですか。
ショックでした。

私の日本語がつたなくて、うまくコミュニケーションが取れなかったせいもあるかもしれません。
でも、中国では「日本人！」と罵られ、日本では「中国人！」とバカにされる。

私ってなんなの？
どうしていじめられるの？
中国でも、日本でも、なんでこんな目にあうの？

と思いました。

しかし、中国での経験がありますから、私もいじめられっぱなしではありません。

意地悪なことをする相手には言い返しますし、いすに置かれた画びょうは、黒板の前の先生の机に並べかえしておきました。「いじめられています」というアピールです。自分の欠点や失敗を理由に意地悪をされるなら、まだ納得できます。でも、私が中国で生まれ、残留孤児二世である事実はどうしようもありません。

それなのに、差別され、いじめられる。日本ではそんなことがないと信じていただけに、いっそうつらく感じました。

アルバイト先でのぬれぎぬ

アルバイト先でもつらい出来事がありました。

T管財で鍛えられた私は、高校に通いながら、夏休みなどの長期休暇や週末などに清掃のアルバイトをしていました。

高校に入学する前に、父から、「学校に行くなら学費は自分で出しなさい」と言われていたので、学費と生活費は自分で稼ごうと決めたからです。

ＩＴ管財はアットホームな会社でしたし、日本語が不自由な私たちにも、身振り手振り、ときには漢字を書いたメモを見せて、コミュニケーションが取れていました。

ところが、あるアルバイト先で、先輩の女性たちから無視され、露骨に仲間はずれにされたのです。

年こそ若いものの、清掃の経験は豊富なので、それがおもしろくなかったのかもしれません。仕事ができる子がいると、自分たちがいられなくなると思ったのでしょう。面と向かって、そう言われたこともありました。

私はまだ日本語のニュアンスが十分理解できず、誤解をまねく部分もあったのだと思います。発音もあやしく、「中国人」と思われても仕方がありません。

休憩時間にお弁当を食べたり、家から持ってきたお菓子をわけあったりする場にも入れてもらえませんでした。

中国とは違った陰湿ないじめです。ただ、ごはんをいっしょに食べない、おやつのおすそ分けがないぐらいのことは我慢できました。

でも、アルバイトの女性の私物が紛失し、私のせいにされたときは、我慢ができませんでした。

「○○さんのモノがなくなったんだって」

「まあ、いったい誰が盗んだのかしら」

「日本人ならそんなことはしないわよねえ。どうせ中国人でしょう」

面と向かってなら反論もできますが、陰でコソコソとささやかれているので、言い返すこともできないのです。

小さいとき私は親に、

「人のモノを勝手にさわってはいけない。食べ物を出されても、手をつけないように」

と厳しくしつけられてきました。

清掃中に落ちていた千円札を拾ったときも、きちんと提出しています。それなのに、残留孤児二世だというだけで疑われてしまう。「なぜ？　どうして？」と怒りがわいてきました。

いちばんショックだったのは、お給料の額が引かれていたことです。

これってモノがなくなったから差し引くってこと？
きちんとした調査もせず、私のせいにされてしまうの？
以前に見つけた千円札も正直に届けたのに、なぜ疑われるの？

「こんなところでは働けない」と思い、私はそのバイト先を辞めました。

「私って、なに？」を抱えたまま、社会人に

中国でも、日本でもいじめを受け、「私って、なに？」という思いはどんどん強くなっていきました。

生い立ちのせいで、私は今も日本語を流ちょうに話せません。長い日本語の文章を読み書きするのも苦手です。

ずっと同じ国で育ってきた人にはなかなかわからないかもしれませんが、どちらの国でもいじめられたことで、私は深く傷ついていました。

理不尽なことを言われたら言い返すだけの強さを身につけましたし、正しいことは負けずに主張する。そんな性格になったのも、いじめのせいかもしれません。

一方で、「人に負けないなにかが欲しい」「自分の力になる技術や知識を身につけたい」ずっとそう願っていた気がします。

オンリーワンの自分を受け入れてくれる場所で、私らしく生きていくためです。

ただ、それがいったいなんなのか？

当時の私には、まだわかっていませんでした。

ぼんやりとした願いを胸に抱きながら、１９９１年の春、私は高校を卒業し、社会人になりました。

第2章

運命の決断

「できるのは清掃だけだった」

日本人「田中春子」として生きる

高校を卒業した後、知人の紹介で、私はヘッドホンをつくっている音響機器の会社に就職しました。

製造部に配属され、ヘッドホンやイヤホンなどの製造、商品の点検、発送などを行いました。それほど大きな会社ではなかったので、修理などの簡単な作業もできるようになりました。

できることはなんでもやって、会社の業務を一生懸命に覚えました。残留孤児二世というハンディを乗り越え、正社員での採用でした。

父は、残留孤児という特殊な立場でしたが、日本人には変わりありません。

しかし、私たちきょうだいは、母が中国人なので、国籍が違う両親の間に生まれた子どもということになります。

日本では、両親が国際結婚の場合、子どもは片方の国籍しか選べません。未成年のうちは保留にできますが、成人（注：現在は22歳まで）になったら、どちらの国籍にするか、選択しなければなりません。

私たちきょうだい3人は、迷うことなく日本国籍を選びました。最後まで迷っていたのは、母です。

永住権を持っていても、外国籍のままでは国民年金や厚生年金の受給資格がありません。外国人在留期間の更新をする必要もあります。ずっと日本で暮らしていくなら、中国国籍のままでは不利な点が多いのです。

しかし、母は祖父母の存命中は、中国人でいたいと考えていたようです。

7人きょうだいの長女としての責任感が強かった母は、親きょうだいのことを心配していて、お金ができるときょうだいを2人ずつ日本に呼んで、半月日本で生活してもらい、中国に帰るときにプレゼントとして、テレビや冷蔵庫、洗濯機、自転車などをそれぞれの家庭に送っていました。叔父や叔母が、出稼ぎに来たことも何度かありました。当時の中国では海外に出ることはできないので、海外に親戚がいないとまず難しいでしょう。

きょうだいに対する責任もある程度は果たせたと思ったのでしょう。祖父母が亡くなってしばらくして、母は日本に帰化しました。

子どもたちも全員、日本で生活していますし、今では「日本に来てよかった」と言っています。

末っ子である弟のことも、少しだけお話ししておきましょう。

弟は中国にいたときはひよわな男の子でしたが、父にすすめられて空手を習い始め、自分でもボディビルを習ったこともあり、高校を卒業するころにはがっしりした体格になりました。その後、調理師免許と理容師免許の2つを取得。結婚して子どもが生まれるまでは、中華料理店と理容店の両方を経営していました。

来日当初はパンの耳でしのいだ時期もありましたが、先に紹介した両親や姉も含め、家族全員がきちんとした職につくことができたのです。

今思えば、身寄りもなく、日本語もできないのに家族全員で来日するなんて、ずいぶん大胆でした。でも、父は中国よりはるかに進んだ日本の姿に驚き、子どもたちの将来を考えて決断したのでしょう。

父から直接聞いたわけではありません。でも、今では父の気持ちがなんとなくわかります。

スキルが上がっていくのが清掃の醍醐味

私も就職して生活は安定してきましたが、決して余裕があるわけではありません。ウエイトレスや店員など、いろいろな仕事にチャレンジしてみたのですが、いちばん私の性格に合っていたのが、やっぱり清掃でした。

体を動かす仕事が好きでしたし、さまざまな現場を経験することで、スキルが少しずつ上がっていくのが清掃の仕事の醍醐味でした。

ひとくちに清掃の仕事といっても、さまざまなジャンルにわかれています。

たとえば、羽田空港では次のような感じです。

●日常清掃…トイレ、廊下などの毎日利用している汚れやすい場所をきれいにします。毎日行う最も重要な清掃です。

●定期清掃…天井や壁、排水口など、決まった期間に回数を決めて継続的に行う清掃。

いろいろな職場を掛け持つことで、これらの技術を1つひとつ身につけていきました。そして、だんだんと清掃の仕事にやりがいを感じていったのです。

誰もやりたがらないからこそチャンスがある

実は就職してからも、会社には内緒で清掃の仕事をしていました。

私の父は18歳になったら立派な大人、実家を出て独立しなければいけないという考えでした。当時は姉と暮らしていましたが、いずれは1人暮らしをしなければならなかったので、お金も必要でした。

新入社員のお給料は、たいした金額ではありません。

清掃の仕事は、早朝や夜間、休日だけでもできる案件が多くあり、会社員との両立も可能でした。

日本に来てから365日働き続けていましたから、休みなしの生活もつらいとは感じず、むしろ当たり前でした。

そのため、アルバイト情報誌を眺めて、経験したことがない清掃の仕事を見つけると、積極的に応募しました。

清掃員の募集はたくさんありますが、正直言ってやりたがる人の少ない仕事です。それだけに若くて体力もある経験者は有利でした。

私が来日したのは、バブル景気がはじまっていたころでした。当時、日本の若者で清掃の仕事をしようという人はほとんどいなかったでしょう。

今もそうですが、清掃の仕事はやはり中高年が主流です。

20代・30代の男性はいますが、20代の女性清掃員は珍しかったと思います。

競争率が低いので、だいたいすぐ採用になります。さまざまな現場を経験するうちに、清掃のスキルも磨かれていったのです。

1つクリアすると次の目標ができる

最初は日本で収入を得るため、ワラにもすがる気持ちではじめた清掃の仕事でした。というより、ほかに仕事がなかったのですから、働けば収入になる仕事というだけでも、ありがたかったのです。

清掃員は、社会的地位も低く、けっして聞こえのいい仕事でないのもわかっていました。

しかし、私自身は、清掃の仕事がいやだと思ったり、清掃員であることを恥ずかしいと感じたことは一度もありません。

1つクリアすると次の目標ができる。清掃のそういう点も気に入っていました。

たとえば、フロアの清掃にしても、カーペットか石材かによって方法が違います。最初はわけもわからず、無我夢中でやっていましたが、ゴミを片づけ、机を拭き、床をきれいにすると、オフィスがすっきりします。廊下にバキュームをかけ、ポリッシャーで磨き、ワックスをかけると、床が見違えるようにピカピカになります。

洗面所も同じです。鏡や洗面台の汚れを落とし、水滴を拭き、トイレを清掃すると、気持ちよく使っていただける空間に変わり、さわやかな気分になります。

清掃は、地味だけれど人の役に立つ、世の中に絶対必要な仕事だと感じていました。

とはいえ、私はもともときれい好きだったわけではありません。

しっかり者の姉は母を助けて、家事を手伝っていましたが、私は日本に来るまで、自分の下着すら洗濯したことがありませんでした。

中国での私は、学校から帰ってきて「お姉ちゃん、ごはんまだ?」と催促するような子どもだったのです。小柄な姉より体力はあったので、力仕事だけが私の担当で、自分から掃除をしたことはもちろん、家の中でぞうきんがけをしたことすらなかったのです。

運命を変えた1枚のポスター

一方、3年を過ぎ仕事を覚えてきたころ、だんだん肩が痛くなってきて、やがて集中力もなくなってきました。「このままで大丈夫だろうか？」自分の中で迷いはじめました。

もともとデスクワークより全身を使って動く仕事が好きです。会社の仕事はデスクワークです。入社時は覚えることがたくさんあったため夢中でしたが、やっぱり体を使った仕事がしたいと思うようになりました。

しかし、自分でもそれが何かはわかっていませんでした。ただ、「ここは私の居場所ではない」と感じていたのは確かです。

ある日、実家に帰る途中、ある学校の前を通りかかったときでした。ふと1枚のポスターが目に入りました。そのポスターには「東京都立品川高等職業訓練校（現・城南職業能力開発センター）入校生募集」と書かれていました。

当時はまったく知りませんでしたが、「職業能力開発センター」とは、電気工事、ＯＡシステム開発、木工技術、インテリアサービスなど、さまざまな職業訓練が受けられる施設です。

その中に、「ビルクリーニング管理」という科目がありました。

「ビルクリーニングって、清掃のことじゃない？」

そう気づいたとき、私はすぐに「これだ！」とひらめきました。

思い立ったら、すぐ行動に移さずにはいられません。そのまま、建物の中にどんどん入り、ビルクリーニング科の教室を見つけて「トントン」と扉をたたきました。

すると先生が出てきたので、「私、ここに入りたいです」と言いました。このときの先生がその後、センターでお世話になる大嶋洋司先生だったのです。

「きみ、まだ若いよね。ビルクリーニング科は基本的に45歳以上が対象なんだけど」

「でも、ぜひ入りたいんです」


話しているうちに、先生は私が帰国子女であることに気づき、「帰国子女の枠があるから、それを使えば入れるかもしれない」と教えてくださいました。


いろいろな現場で清掃に携わってきたものの、これまではずっと用意された道具や洗剤で指示通りの作業をするだけでした。それが当たり前だと思っていました。

でも、職業能力開発センターには、「ビルクリーニング管理」という専門コースがあって、清掃に関する知識や技術が体系的に勉強できるのです。

「職業」として清掃の訓練が受けられることに、たいへん驚きました。

長年、清掃に携わっていたにもかかわらず、それまできちんとした職業として清掃を考えたことがなかったのです。

清掃が専門的に学べるなんて、素晴らしい。

今までの経験を活かしながら、さらにスキルアップできるはずだ。

私は、絶対にここで勉強しようと決心しました。

会社を辞めて職業能力開発センターへ

ところが、「ビルクリーニング管理」のコースは、求職中の人を対象にしたもので、会社員は受講できないというのです。

そもそも職業能力開発センターとは、失業中の人が知識や技術、技能を身につけ、少しでも有利な条件で就職できるように支援する施設だから当然です。

「どうしたら、入校できるんでしょうか？」

「会社を退職すれば入れます。それでハローワークで手続きしてＯＫなら……」

「そうですか。じゃあ、今の会社、辞めます」

私はその場で退職を決意しました。

高校を卒業して３年半、お世話になった会社を辞めても、ビルクリーニングに関する勉強がしたかったのです。

翌日、出勤してさっそく社長に退職願を提出し、「清掃の仕事がやりたいので、会社を辞めたい」と伝えました。

未練はありませんでした。

その日のうちにハローワークに行き、手続きをすませると、大嶋先生に入校したいと連絡しました。

バブル景気が終わりに向かっていた、そんな時代のことでした。

第3章

私の道

「私の道、ついに見つけた！」

「清掃員＝中高年の仕事」

1994年10月、私は東京都立品川高等職業訓練校（当時）の建築物衛生管理系ビル衛生管理科（現在は「ビルクリーニング管理科」）に入校しました。

ずっと現場で仕事を覚えてきましたが、基礎からみっちり勉強できると思うと、うれしくてたまりません。

道具の使い方や清掃方法はある程度マスターしていましたが、洗剤や素材に関してはよくわかっていなかったので、体系的に学べるのが楽しみでした。

ビルクリーニング管理科は、建物を美しく保つと同時に、快適で清潔な環境づくりに必要な清掃方法やメンテナンスの知識と技能、そしてマネジメントについて学び、ビルクリーニングの管理者を養成することを目標としています。

ビルクリーニングの範囲はとても広いものです。

具体的には、「建築物と環境衛生」「建築物の構造および設備」「建築物の内外装材の種類および性質」「材料」「電気、機械器具の種類、構造および使用法」「ビルクリーニング作業法」「作業計画」「廃棄物の処理方法」「安全衛生」「関係法規」があります。

こんなことまで勉強するのかと驚きました。

ビルクリーニングというものの全貌があらためてわかり、合理的なやり方を教えてもらえると思っただけで、ワクワクしていました。

また、「清掃」ではない「ビルクリーニング」という言葉が、単なる清掃員ではなく、立派な専門職として認められる気がしました。

清掃員としてのスキルアップはもちろん、作業の進め方やスタッフ配置のプランなどを考える基礎も身につきました。

ビルクリーニング科の定員は30名でした。女性は私を含めて4名。大半が男性です。

年齢は私が最年少で、その上は30代の男性が1人だけ。ほとんどが40代後半以上の方々で最高齢は72歳の男性でした。女性も50代・60代の方ばかりです。

現在は、年齢に関係なく入れるようですが、当時は基本的にビルクリーニング管理科の入校資格は45歳以上の求職者が対象でした。

多少、若返ってはいるものの、今よりもっと「清掃員＝中高年の仕事」と思われていたのです。そのうえ、受講者は清掃の仕事をしたことのない人がほとんどでした。女性で最年少にもかかわらず、清掃に関しては私がいちばんのベテランでした。

当時まだ20代だったのに入校できたのは、中国残留日本人孤児二世だったからです。中国からの帰国子女枠で入学した男性もほかに2人いました。

帰国子女枠が設定されているのは、やはり就職にハンディがあるケースが多いからでしょう。でも、私にとってはラッキーでした。

まるで吸い寄せられるように、職業能力開発センターのポスターに出会い、運命的なものを感じたことを今でも覚えています。

「正しい清掃」を知る

講義がはじまると、新鮮なことばかりでした。

たとえば、清掃用具の取り扱い。

モップを正しい持ち方に変えるだけで、とてもラクに扱えます。今までは力まかせにゴシゴシやっていましたが、余計な力がいらず、効率よく作業ができました。

また、フロアの洗浄に欠かせないポリッシャーという機械は、重さもありますし、慣れないと機械に振り回されてしまい、うまく洗浄できません。絶妙なバランス感覚が必要です。

見よう見まねでポリッシャーの操作方法はわかっていましたし、使ったことは何度もありますが、先生に見ていただき、正しい操作方法が身につきました。すると、コントロールのしやすさが全然違ったのです。

こんなに丁寧に、清掃のコツを教えてもらったのは、初めてでした。

ガラスの洗浄、照明器具の洗浄、壁面の洗浄なども同じです。具体的な方法と手順を教えていただくと、手間やムダが大幅に減ります。

それまでオフィスビルの清掃が多く、ホテルの客室整備はあまりやったことがなかったのですが、ベッドメイキングやリネン類、備品の取り扱いなどの実習も経験しました。

また、当時珍しかったですが、石材を研磨で管理する方法やカーペットの汚れがどうしても取れない時、上に絵を書いて目立たなくする方法やカーペットを染色する方法をここで覚えました。

同じビルクリーニングでも、建物の用途によって、清掃の仕方やメンテナンスの方法が違うことに気づきました。

清掃の奥深さを初めて実感

現在、オフィスの床には、タイルカーペットが使われているケースが大半です。日常清掃や定期清掃でクリーニングしますが、汚れがひどいところだけ部分的に取り替えることが可能です。シンプルな無地のカーペットが多いので、比較的メンテナンスもしやすいのです。

ところがホテルのロビーなどでは、ロールタイプの立派なカーペットが敷きつめられています。汚れたからといって簡単に交換することはできません。

しかし、人の出入りが多い場所ですから、シミがついてしまうこともあります。

それをどうメンテナンスするか。

シミ抜きできない場合は、なんと逆に染色するのです。汚れが取れないところに絵で目立たないようにして補修していきます。

実習で先生から、その技術を実際に見せてもらったときは、びっくりすると同時に「ビルクリーニングには、こんなテクニックまであるのか」と感動しました。

一見、どこをメンテナンスしたのか、わからないようになっていて、本当に見事なものです。


また、洗剤の特徴を知り、適切な量で汚れを落とす方法も教えられました。

アルバイトのときは、基本的に渡された洗剤をそのまま、あるいは原液を適当に薄めたものを使うことがほとんどでした。しかし、正確に計量して希釈した洗剤を使うほうが、はるかに汚れが落ちます。

たくさん使えば、早くきれいになるわけでもありません。逆に、洗剤が多すぎると素材を傷める場合もありますし、何度も水拭きしなくてはなりません。そのぶん、コストも時間も手間も余計にかかってしまうわけです。

汚れの原因を見極め、それに合った洗剤を選び、適切な量で汚れを落とす。その大切さを実感しました。

清掃は「科学」

汚れには、たくさんの種類があります。

たとえば、フロアの汚れが油汚れなのか、水性汚れなのかで、清掃の仕方が変わってきます。洗面所の汚れにしても手あかか、カビか、水あかなのかによって、当然、使う洗剤が違います。

また、床材も場所によって、Ｐタイル、タイルカーペット、リノリウム、フローリング、天然石、人造大理石など、さまざまな素材が使われています。

汚れと素材の組み合わせは、数限りなくありますが、適切な薬剤と道具を使って清掃していけば、素材を傷めずきれいにできます。

講義を通じて、清掃も科学なのだと理解できたのは、大きな収穫でした。

先生方から教えていただくたびに、清掃の技術が身についていく実感があり、夢中でノートをとり、疑問があれば先生を質問攻めにしました。実習にもはりきって参加していました。

今、私は約80種類の洗剤と50種類の清掃道具を使いこなしています。その原点は、すべてこの職業能力開発センター時代にあります。

清掃の仕方にきちんとした理論があり、技術がある。
技術がしっかり身につけば、清掃のプロになれるかもしれない。
清掃の職人として生きていきたい。

私の前に、どこまでも続く1本の長い道が見えてきたような気がしました。

清掃は掃除の延長線上ではない

職業能力開発センターの講師は、公益社団法人東京ビルメンテナンス協会の講師を務めるなど、ビルクリーニングの業務を知りつくした方々ばかりでした。清掃という仕事を、より広い視点で科学的・理論的・体系的にとらえ、社会的地位を向上させながら発展させていこうという考えのもと、人材を育成していたのです。その姿勢にも共感しました。

ビルの清掃は、家庭のお掃除の延長ではありません。

講座の名前に「清掃」という文字が入らず、ビルクリーニング管理、協会名が「ビルメンテナンス協会」という名前なのには、深い意味があると思います。

そもそもビルの建設には、多額の費用がかかっています。せっかく完成した建物を気持ちよく利用し、長く使っていくためには、メンテナンスが欠かせません。建物内のクリーニングが適切に行われていれば、ビルを長持ちさせることができます。

そのためにも、清掃員には建物の構造や素材、法律まで含めて、幅広い知識が必要です。

私はセンターで受ける講義だけではなく、先生たちにお願いして、たくさんの現場を経験させてもらいました。せっかくのチャンスですから、学んだことをすぐに現場で試してみたかったのです。

清掃会社を経営する先生の中には、私が手がけたことのない清掃業務を請け負っているケースが少なくありませんでした。アルバイトでは経験できないような現場や、なかなか使うことのない機材などを使う貴重な機会になりました。

好きでやっているので、疲れることもありません。自分でも毎日が楽しくて，いろいろな会社に行きました。

新しい知識や技術を学んでいるうちに、1カ月、2カ月、3カ月……とどんどん月日が過ぎ去っていきました。

鈴木先生との出会い

そろそろカリキュラムが終わろうとするころ、担任の大嶋洋司先生に、
「ところで、田中さん、就職はどうするつもりですか？」
と聞かれました。

学校の掲示版には、ハローワーク経由で届いた求人票がたくさん貼ってありました。半年間のコースを終えると修了証書が発行されますから、面接を受ければほぼ100％就職できるらしいのです。

同じクラスの仲間たちはポツポツと就職先が決まりはじめているようでした。しかし、募集がある仕事は日常清掃がほとんどで、どれを見てもピンと来なかったのです。

私は、

せっかく学校で勉強したのだから、学んだことが活かせる職場で働きたい。

アルバイトでやってきた仕事とは違う仕事がしたい。

もっと勉強しながら仕事をしたい。


と考えていました。大嶋先生には正直に希望を伝え、まだ就職活動をしていないこと、でもこれといったアテもないことを話しました。


すると、「鈴木先生にお願いしてみたらどうだろう」とすすめられたのです。

鈴木先生は、安全衛生の講義でお世話になっていた先生で、ビルメンテナンスに関する著作も多く、業界では有名な方でした。

それまであまり意識していませんでしたが、空港の中にある清掃会社にお勤めと聞きました。

空港の清掃！

それはおもしろそうだと思いました。

オフィスやホテル、集合住宅などは実習で訪れましたが、空港の清掃はまったく未知の世界だったからです。

そもそも空港で知っているのは、来日時に到着した成田国際空港だけでした。

大嶋先生のアドバイスを受け、さっそく鈴木先生のところに相談に行きました。

「就職したいのですが、先生の会社で採っていただけませんか」

ところが、鈴木先生は驚いた様子で、

「それは、無理だね。うちの会社は男性しか採らない方針だから」

と言いました。

でも、一度断られたぐらいであきらめる私ではありません。ほかにアテもないのですから、必死です。

「入れてください。お願いします」

「いやいや、当社では女性は採用しないんだよ」

「アルバイトでもいいから、ぜひそちらで働きたいんです」

「うーん、困ったな。人を採る予定がないんだけど」

「なぜ女性はダメなんですか？　中国では男女が平等です。男性と同じように働けばいいでしょう」


空港で働きたいという意欲を見せなければと、私は鈴木先生のもとを何回も訪れ、一生懸命、お願いしました。

数日後、鈴木先生から1枚の求人票を渡されました。ねばったかいがあり、なんとか採用試験が受けられることになったのです。

拍子抜けするほど簡単だった採用面接

指定された日時に会社を訪ねると、鈴木先生が出てきました。

先生と生徒ですから、共通の話題はたくさんあり、学校や清掃について雑談を続けていました。話はつきないのですが、時間はどんどん過ぎていきます。

採用面接に来たはずなのに、いつまで経っても面接が始まりません。

「あのう、先生……。面接はどうなっているんでしょうか？」

「ああ、面接はこのあいだ終わったよ。きみ、採用だから」

「は？　えっ、そうなんですか。ありがとうございます！」

と、驚くほどあっけなく採用が決まりました。

実は、求人票を渡された日に、採用はすでに決定していたのだそうです。

後で知ったのですが、ほかの人には求人票を出さなかったと聞きました。公募はせず、私だけを採ってくださったのでした。ありがたいことです。

「でも、それならそうと早く言ってほしい……」と思いましたが、当時から鈴木先生は口数が少なく、最低限のことしか話さない方でした。

3月に職業能力開発センターの講座を修了し、4月から入社することになりました。ビルクリーニング管理科のカリキュラムが進み、終わりが見えてきたころ、私は「清掃の職人」として生きていこうと心に決めていました。


生活のためにはじめた、清掃という仕事。

ほかに選択肢がなかったから、やってきた仕事。


それが今では、私の持ち味になり、生きていくための大きなよりどころに変わっていました。

単なる清掃員ではなく、清掃のプロになりたい。
専門的な技能を磨いて、自分の腕一本でやっていきたい。
掃除の職人として生きていこう。

いつの間にか、そういう覚悟ができていました。

新しい職場は羽田空港

私の新しい職場は、日本空港技術サービス（現・日本空港テクノ）という会社です。羽田空港ターミナルビルの施設に関する保守、運用、環境整備を行うため、１９７４年に設立された会社です。東証一部に上場している日本空港ビルデングが１００％出資している子会社でした。

あの広い空港をいったいどうやって清掃するのだろう。

新しい経験ができる会社で働く期待に、胸をふくらませていました。

第4章

清掃のプロへの一歩

「ビルクリーニング技能士になる」

空港清掃の難しさ

羽田空港の年間利用者は約7000万人。1日約20万人のお客さまが利用します。日本でいちばん利用者が多い空港で、国内線旅客の約半数が羽田を利用していると言われています。

入社して配属されたのは、「機動班」と呼ばれる実働部隊でした。メンバー（当時）は、沖縄出身の中村主任以下、藤巻さん、小林さん、宮さん、曽ヶ端さんです。空港内を担当する定期清掃のチームで、男性が中心です。

まず驚いたのは、天井についている給排気口を毎日清掃することでした。通常のオフィスでは年に1回、大掃除にあたるようなときにだけ手をつける場所です。

高所作業になりますから、安全面にも注意しなければなりませんし、清掃業務の中でも経験と技術が必要なところです。

しかし、大勢の人が利用する空港は汚れやすいので、毎日清掃しなければなりません。まだ第2旅客ターミナルがオープンする前でしたが、広い空港の天井を6人で清掃するのはかなりのハードワークでした。

照明の交換をするときには、基本的に2人一組で行います。

1人がはしごに昇ってランプの交換をし、もう1人が下から受け渡しをフォローします。作業中ははしごの周辺を柵で囲うのが決まりでした。お客さまの注意をうながし、万一のときに落下物が広がらないようにするためです。

ところが、たまたま私が1人で作業をしていたときのことです。

細心の注意を払って慎重にランプをはずし、下を見ると……なんと赤ちゃんがニコニコしながらはしごを昇ってくるではありませんか！　大人なら絶対にくぐれない柵の間から、作業エリアに入ってきてしまったのです。

驚きのあまり心臓が止まりそうになりましたが、あわててはいけません。無理矢理笑顔をつくりながら、赤ちゃんと目を合わせ、ゆっくりとはしごを降りました。

地上に降りて、赤ちゃんを抱っこしたときにはどんなにホッとしたことでしょう。「この子のお母さんはいませんか？」と聞いてまわり、無事お渡しするまで生きた心地がしませんでした。

現在はより安全に作業するため、見張り役を加え、３人一組で清掃しています。


オフィスビルの場合は、利用者さまの出勤前に室内を清掃。業務がはじまり、社員の方々が着席してから、廊下や洗面所を時間差で作業するケースが一般的でした。

しかし、空港はいつもお客さまがいらっしゃいます。たくさんの方が利用されている中で作業をしなければいけないという難しさがありました。

お局さまからのいじめ……

ところで、上司である中村主任は、初出勤の日は忙しく、私をメンバーに紹介する時間がありませんでした。

「悪いけど、１人で自己紹介してきて」と言われてしまいました。

やはり最初が肝心です。

まず、全員にあいさつだけはしておかなければと思った私は、清掃の準備をする作業場に向かいました。１人ひとりに対して、

「今日からお世話になる田中春子です。どうぞよろしくお願いします」

と声をかけました。

ほとんどの人が普通にあいさつを返してくれましたが、1人の女性には露骨に無視されてしまいました。

鈴木先生改め鈴木課長（入社後は役職名で呼んでいました）は、「女性の採用はしない」と言っていましたが、女性社員がいないわけではなかったのです。

社内には、おもに日常清掃を担当する古参の女性社員が2人いました。どちらも私よりずっと年上で、長く勤務している方でした。

無視されたことで、モヤモヤしながら仕事に向かいました。

すると、さっきの女性が小柄な体で大きないすを運ぼうとしているのを目にしたので、先ほどは無視されたものの、思わず駆け寄り、

「先輩、私が運びます」

と声をかけましたが、

「どいてどいて、邪魔だから」

と言われてしまいました。

中国人だから？　若いのにナマイキと思われた？
もしかしたら、この職場でもいじめられてしまうの？

学校時代やバイトでのいやな思い出がよみがえり、不安な気持ちになりました。学んだことが活かせる場として、やっとの思いで入った会社です。できれば、職場の皆さんともよい関係で仕事していきたいのに初日からこれでは……と思いました。

仕事が終わり、明日もこんな気持ちで出社するのはいやだと思った私は、意を決して、さっきの先輩のもとに行き、勇気をふりしぼり、緊張しながらこう言いました。

「私は今日が初めての出社日でした。皆さんにごあいさつするのは当然ですし、先輩のお手伝いがしたいと思って声をかけました。なにか、間違ったことや失礼なことがあったのなら教えてください」

先輩は黙ったまま私を見つめ、しばらくして、こう言いました。

「あんた、今日はこの後予定はあるの？」

「いえ……ないですけど」

「そう、じゃ、これから飲みに行きましょうか」

「え？　……はい、わかりました」


先輩に連れられて、いっしょにお店に行ってみると、なんと私の歓迎会だったのです！

後でわかりましたが、あんなに採用をしぶっていた鈴木課長は、

「今度入社してくる子は、すごい経験の持ち主なんだ」

「やる気があるから、みんなも負けないように」

などと、さんざん私のことを宣伝していたのだそうです。

中国残留日本人孤児の二世だという20代の女の子が自分たちのチームに入るだけでもいやな感じなのに、自分たちより優秀と言われてはおもしろくなかったでしょう。

鈴木課長も本当に余計なことをしてくれたものです。

しかし、そういうぎくしゃくした関係も最初だけ。険悪になりかけた先輩とは、その後、本音でなんでも言い合える仲になりました。

私は「起爆剤」なんだ

一方、鈴木課長が私を採用した理由も、なんとなくわかってきました。

当時の社内には決められた業務はまじめにこなすけれども、その先をめざそうという雰囲気がなかったのです。

直接、鈴木課長に確かめたわけではありませんが、私の入社で職場に刺激を与え、みんなのやる気を引き出す「起爆剤」にしたかったのではないでしょうか。

ただ、鈴木課長の意図が理解できる反面、職場の人たちの気持ちもわかります。

私自身、清掃という仕事に長く関わっていながら、それ以上をめざしたいとは思わず、その上があるとも知らず、ただ黙々と働いていました。

いろいろな現場を経験して、スキルを上げたいとは思っていましたが、基本的にはお金が稼げればいいという意識でしかなかったのです。

勤務時間内に作業を終わらせれば、自分の仕事は終わり。アルバイトと社員の違いはあれ、きっと同じだったと思います。

私は、職業能力開発センターに入校したからこそ、清掃の仕事の奥深さがわかり、キャリアアップの道筋が見えてきたのです。

講師の先生たちが、陽の当たりにくい清掃という仕事の大切さを伝え、社会的地位を上げていこうとしている姿も見てきました。半年間の講座を修了した後の私は、仕事に向き合う気持ちも以前とは違っていました。

この会社に入ったからには、「清掃の職人」として高度な技術を身につけたい。

強くそう決心していました。

清掃作業だけなら頑張れば誰でもできますが、ビルクリーニング、そしてビルメンテナンスに関する専門知識と技能を、実務を通してさらに磨いていこうと考えたのです。

そんな私にとって最初のハードルが、国家資格である「ビルクリーニング技能士」でした。

最初のハードル

「ビルクリーニング技能士」といっても知らない方が多いかもしれません。

しかし、清掃のプロをめざすなら、必ず取得すべき国家資格です。

「ビルクリーニング技能士」の試験は年に1回、全国各地で行われます。職業能力開発センターで勉強した内容に比べ、さらに幅広い知識や技能、実務経験が必要になります。

私は、資格取得をめざすのが当然と思っていました。

ところが、すでに資格を持っていた中村主任と曽ヶ端さん以外、ビルクリーニング技能士の試験に挑戦している人はいませんでした。

もちろん鈴木課長は、職業能力開発センターで講師を務めるほどの方ですから、資格の存在はご存じです。でも、当時の社内には頑張って資格を取ろうという雰囲気がありませんでした。

資格がなくても、業務には支障がありませんから、当然かもしれません。

しかも、ビルクリーニング技能士の資格試験の合格率は約50%。受験者の2人に1人は不合格になってしまいます。そもそも実務経験が5年以上（当時、現在は3年以上）ないと受験資格がありませんし、そのうえ学科と実技の両方に合格しなければいけないので、かなりハードルが高いのです。

学科試験の範囲は幅広く、時間を割いてじっくり勉強しなければなかなか合格できません。

実技は、清掃員であれば通常業務で経験している作業で、それほど難しくはありませんが、練習を繰り返し、時間配分や手順をしっかり身につける必要があります。しっかり受験対策をし、本気でのぞまなくては簡単に取得できないのが、ビルクリーニング技能士の資格なのです。

同じチームの藤巻さんと宮さんも、私といっしょに受験することになりました。

3人で学科の問題を出し合ったり、お互いの作業をチェックしたりしながら受験勉強をしました。

ありがたかったのが、鈴木課長が過去の試験問題を集めたテキストを用意して、勤務時間内に勉強してかまわないと言ってくださったことです。

日常のコミュニケーションや仕事には問題がありませんが、日本語がイマイチな私です。難しい法律用語や専門用語がなかなか頭に入りません。

最後には問題とその解答を丸暗記してしまうほど、何度も何度も問題集を開いて、試験にのぞみました。

ビルクリーニング技能士になる

入社1年後の1996年3月。

私は、ビルクリーニング技能士の資格を取得しました。いっしょに受験した2人も合格。機動班には3人の新しいビルクリーニング技能士が誕生しました。

ようやく清掃のスタートラインに立てた。

鈴木課長の期待に少しは応えられた。

生まれて初めて国家資格を持ったことが誇らしく、清掃のプロとして一歩階段をのぼった気持ちになりました。やればできるという達成感と自信につながりました。

職場の先輩たちといっしょに合格できたことも大きな喜びでした。

この後、社内ではビルクリーニング技能士に挑戦する人が続きました。技能を磨き、スキルアップしていこうという雰囲気が職場に広がっていったのです。

その後、社員はビルクリーニング技能士の資格を取ることが必須になりました。

しかし、ここがゴールではありません。ビルクリーニング技能士は清掃の職人として必要な最初の資格です。さらに上をめざそうと考えました。

翌年の１９９７年1月には「清掃作業監督者」の資格を、3月には「清掃作業従事者研修指導者」の資格を取得しました。

「清掃作業監督者」というのは、文字通り作業に立ち会い、チェックするための資格で、２日間の講習会で「建築物環境と公衆衛生」「ビルクリーニングの衛生的意義」「労働安全衛生」「清掃作業の評価方法」など、多岐にわたり学びます。

また、清掃業務を請け負う際には、場合によっては清掃作業監督者の登録が必要になります。会社のビジネスを広げていくためにも欠かせない資格です。

また、これ以外にも、

・高所清掃の資格
・医院清掃の資格
・貯水槽清掃の資格

など、多岐にわたる清掃の資格があります。

このような資格が取れたのも、鈴木課長の存在が大きかったのです。

資格取得の意義を認めてくださる課長がいるからこそ、会社が受講料を負担し、ときには宿泊を伴う研修にも参加させていただきました。お給料をもらいながら勉強できる、とてもありがたい環境でした。

「1番でなくてはダメ」

そんなある日、鈴木課長から「全国ビルクリーニング技能競技会」に出場してみないかと打診されました。

全国ビルクリーニング技能競技会とは、2年に一度、全国ビルメンテナンス協会が開催するイベントです。全国に数万人いるビルクリーニング技能士を代表して、9地区から選出された18名が技能を競う大会です

それまで競技会があることすら知りませんでしたが、私はすぐに心が動きました。

いちばん大きな理由は、鈴木課長からの提案だったからです。

ビルクリーニング技能士をはじめ、資格が取得できたのは、課長のおかげです。資格は私の大きな財産であり、清掃の職人としての誇りでもありました。

入社以来、毎年なんらかの資格を取っているので、会社には投資をしてもらっています。競技会に出場することで、鈴木課長に喜んでいただき、対外的な評価につなげて恩返ししたいと考えました。

競技会に出場するからには絶対に優勝したい。

優勝して鈴木課長に恩返ししたい。

今思えば、不思議なのですが、当時の私は生意気にも優勝することしか、考えていませんでした。

私にとっては「1番でなくてはダメ」だったのです。鈴木課長に恩返しするために優勝するのだという気持ちになっていました。

中国残留日本人孤児二世という私を受け入れてくださったこと。

女性は採らないと言いつつ、最後に採用してくださったこと。

入社後も陰になりひなたになり、資格取得をサポートしてくださったこと。

この恩義に報いるには、大会で優勝するしかないと思いました。

いったん決心すると、がむしゃらに進むところがある私です。仕事が終わった後、特訓を続ける毎日がはじまりました。

第5章

日本一の称号

「これで少しは恩返しができた！」

目をつぶってもできるまで練習する日々

全国ビルクリーニング技能競技会の競技内容は、床のクリーニング（業界の専門用語で「弾性床材の表面洗浄床維持剤塗布仕上げ作業」。洗浄とワックス掛けのことです）。筆記試験はなく実技のみで競います。

A・B2つのコートで2人の選手が同時にスタートします。コートの大きさは約4メートル×5メートル。約20平方メートルの四角いスペースにデスクといすが1つずつ置いてあります。

制限時間は25分。競技は次のような手順で行います。

1　作業準備………カートを所定位置に移動。「作業中」の看板を立てる

2　作業開始………デスクの上にひっくり返したいすを置く

3　除　塵………ダスターでゴミを取り除く
4　洗　浄………ポリッシャーで床面を洗う
5　吸　水………バキュームで洗浄液を取り除く
6　モップ掛け……モップで2回拭きあげる
7　ワックス掛け…ワックスを塗り、送風機で乾燥
8　終　了………掃除用具を片づけ、所定の位置に戻す

選手の作業を複数の審査員がチェックし、決められた手順に従い、早く丁寧に清掃。その出来映えを争います。この競技は、一般のお客さまに清掃業務を知ってもらうために考えられた競技でもありました。

恩返しのためにも、絶対優勝するんだ。
しっかり準備して課長に喜んでもらおう。

そう心に誓った私は、終業後必ず5回、来る日も来る日も鈴木課長と二人三脚で練

習を続けました。

いつも仕事でやっている作業ですが、いざ競技となると工夫が必要です。たとえば、バキュームやポリッシャーのコードさばき。機材を確実にコントロールする熟練度がチェックされます。コードを踏んだり蹴ったりしてはいけません。ミスはもちろんNGですし、モノにぶつかったり、時間をオーバーするのもダメです。丁寧さとスピード、機械の使い方、作業中の姿勢などがトータルで評価されます。

課長がストップウォッチを握り、時間配分の練習をしました。

何度も何度も繰り返したため、大会が近づくころには、一連の動作がすっかり身につき、目をつぶっていても作業できるほどになっていました。

会場に圧倒された私

そしていよいよ東京予選の日を迎えました。

「必ず優勝する！」と意気込んで出かけた私は、会場に到着してびっくりしました。思いのほか広い会場で、競技コートが室内の真ん中に設置され、数百人の観客が見られるようになっていたのです。

コートの周囲に応援団が陣取っている会社や重役が激励に来ている会社もあり、まるでスポーツの大会のような雰囲気でした。

入社して3年目、1年前にビルクリーニング技能士の資格を取得したばかりだったので、私は大会を見学したことがありませんでした。

加えて、うちの会社から出場するのは私が初めてだったのですから、そもそも見に行く機会すらなかったのです。

　こんなに大きなイベントだったなんて。

　心臓が急にドキドキしはじめ、おでこにはじんわり汗もにじんできます。私は会場の雰囲気に圧倒されそうになっていました。

　社内での練習はいつも課長と2人。たまに、先輩や同僚が立ち会ってくれる程度です。

　空港では、たくさんのお客さまの中で清掃しているものの、清掃員に注目する人はほとんどいません。こんなに大勢の人が見守る中で作業を行うのは、初めての経験でした。

　大会が始まっても、私の緊張は解けることはありませんでした。

無我夢中で終わった出番

とうとう私の出番になりました。

「8番、田中春子さん」

「はい」

コートにあがり、大きく深呼吸をします。

「ここでいつもどおり作業できないと、数カ月にわたって練習した苦労が水の泡になってしまう！」

と思い、手がふるえ、足がもつれそうになる不安を必死でおさえました。

頑張れ、私。
集中しろ、私。

自分にしっかりと言いきかせて、清掃用具の準備を確認し、作業をはじめました。移動させ、バキュームを丁寧にかけます。

ポリッシャーの感触は？
うん、だいじょうぶ。

ミスをしないように、１つずつ確認しながら、次の手順に移ります。
競技がスタートした後は無我夢中でした。持ち時間があっという間に過ぎ去り、一礼してコートから降りました。

出番が終わると、その場に座り込みそうになるほど緊張していました。
手も顔も汗でびっしょり。でも、大きな失敗もなく、乗り切れてほっとしました。

練習どおりできましたし、時間もほどほどに余裕をもって終われた達成感がありました。会社の仲間も応援に来てくれて、「よい演技だったよ」と言われました。

あんなに練習したんだもの、きっと優勝できる。

鈴木課長といっしょに、喜び合えるに違いない。

残りの選手の競技をぼんやり眺めながら、審査結果を待ちました。

「えっ、優勝じゃないの？」

参加者36人の選手の競技がすべて終わりました。いよいよ結果の発表です。

東京予選大会では、全国大会に出場できる上位3名のみに、金賞・銀賞・銅賞の賞状と商品券が与えられます。

銅賞から受賞者が発表されました。

「銅賞、○○○社、○○○さん」

いっせいに拍手が巻き起こり、呼ばれた選手がうれしそうに立ち上がりました。

「銀賞、日本空港技術サービス（当時の社名）、田中春子さん」

私の名前のように聞こえました。

会社の人たちが、駆け寄ってきて、

「やった！　初出場なのにすごいじゃない」

「次は全国大会だね」

などと喜んで、肩をたたき、握手してくれました。

しかし、「銀賞」と聞いて、ぼうぜんとするばかり。私の目からはみるみる涙があふれてきました。


私、優勝できなかったんだ……。

悔しさよりも、自分に対する情けなさと、なにより鈴木課長に申し訳ないという気持ちでいっぱいでした。

なぜ？　どうして？　どこがダメだったの？

毎日あんなに練習したのに。ちゃんとできたと思ったのに……。

「金賞、○○○社、○○さん」

会場からいっそう大きな拍手と歓声があがり、優勝を祝福する人たちの輪の中ではほえんでいる男性が見えました。

悲しい一方、私のどこが悪かったんだろう、と何も考えられなくなりました。

課長に、優勝の賞状を渡したかったのに。

もう、このまま消えてなくなってしまいたい……。

銀賞という結果に打ちのめされ、立ち上がれないほど落ち込んだ私は、表彰式はどうでもよくなり、そのまま帰りたくなりました。

同僚や先輩になだめられ、なんとか賞状を受け取りましたが、

「ごめんなさい。私、これいらないから」

と隣に座っている課長に押しつけ、

「みんなが見ているのに……」

と課長のほうが困った顔をしていました。

優勝して恩返しができなかったという思いでいっぱいになり、涙があふれました。自分を許せない気持ちでいっぱいでした。

「君にはね、やさしさが足りないんじゃないかな」

一夜明けて、ショックから少し立ち直った私は、次の日、鈴木課長のもとに行き、どこが悪かったのか聞いてみました。

課長はもともと無口で、小さい声で必要最小限しか、しゃべらない人です。少し迷っているようでしたが、しばらく間があった後、

「君にはね、やさしさが足りないんじゃないかな」

とボソッと言われました。

え？　どういうこと？

予想もしなかった指摘を聞いて、私は混乱しました。よくよく聞いてみると、技術的な面ではなく、清掃に対する「気持ち」がない。作業に問題はなくても、やさしい気持ちがなければ、よい清掃にはならないという意味のことを言われました。

今まで清掃の職人として、テクニックを磨こうと一生懸命やってきました。課長が資格取得をバックアップしてくださったおかげで、たくさん勉強するチャンスにも恵

まれました。
一歩一歩、階段を上がるように、清掃に関する知識や技能を身につけてきた私の集大成が、ビルクリーニング技能競技会への出場でした。

でも、それじゃダメだったの？
清掃に必要な「やさしさ」ってなに？

私は、「やさしさ」という言葉がなぜ出てきたのが、まったくわかりませんでした。

清掃は1人でやっているのに、
生き物でもないものを相手にしているのに、
どうやってやさしくなるの？

いちばん認めてもらいたかった恩人に否定されたような感じを受け、私は優勝できなかった以上のショックを受けました。

自分を初めて振り返る

鈴木課長に、「気持ち」や「やさしさ」を指摘されて、私は初めて清掃に対する取り組み方を振り返ってみました。

どこが悪いのか知りたい。
もっとよくなるにはどうしたらいいの？

とはいえ、自分では全然わかりません。頼るのは結局、課長しかいなかったのです。でも鈴木課長は、かみくだいてわかるように教える人ではないので、私なりにいろいろ質問して、ぽつりぽつりともれてくる言葉に手掛かりを求めるしかありませんでした。

「顔はスマイルだよ。スマイル、スマイル」
「清掃用具を力まかせにボンと置くのじゃダメ。やさしく大事に」
「気持ちを込めて仕事をすることが必要です」

言葉だけを見るとなぞなぞのようなヒントですが、練習しているうちに課長が言わんとする点が少しずつわかってきました。

つまり、私の清掃スタイルは、「担当している場所さえきれいになればいい」というものだったのです。要は、清掃テクニックは身についているけれど、まわりへの心くばりが足りないということだったのです。

私はハッとしました。確かにそうだと感じるところがあったのです。

いつも、少しでも早く効率的に作業を終わらせることばかり考えているので、競技中は言うまでもなく、普段の清掃でも表情は硬かったでしょう。

男性トイレを清掃するときなどは、「失礼します」と大きな声で言ってから、さっさと中に入って作業をしていました。

通路にしろ、洗面所にしろ、まず自分の作業のことが頭にあり、お客さまに配慮はしていたつもりですが、心の奥ではむしろ清掃の邪魔だと思っていたんじゃないだろうか。

そう気づいたのです。

誰もいなければ、手順よくさっさと清掃ができ、早く次の現場に移動できるのに、トイレや洗面台をお使いの方がいれば、作業はスムーズに進みません。それだけタイムロスになってしまいます。

また、どなたでも経験があると思いますが、たとえば、トイレに入って思いのほか汚れているのを目にしたら、ガッカリし、不愉快になるでしょう。

清掃員である私もまったく同じでした。

「まあ、いったい誰がこんなに汚したの！」

「もっときれいに使ってくれれば、手間もかからないのに！」

と怒りを感じ、イライラカリカリしながら作業をしていたのです。

道具にも汚れにもやさしく

その気持ちは、清掃用具に対しても同じでした。使った後は手入れをして、所定の場所に戻していましたが、モップはモップ、ポリッシャーはポリッシャーとしか考えていませんでした。扱いも適当だったと思います。

でも、道具がなければ、行き届いた清掃はできません。そういう気づき、心配りが感じられないということが課長の指摘だったのです。

私は自分の作業だけしか見えていなかったんだ……。

初めてそれがわかり、ショックを受けました。

道具に対しても感謝の心、たとえば「助けてくれてありがとう」という気持ちで丁寧に扱えば、それだけ動作もやさしく優雅になるはずです。

そもそも清掃員がキリキリした気持ちで作業をしていたら、その場にいるお客さまも落ち着かず、なんだか急き立てられているような気持ちになるでしょう。


自分のことで精一杯で、ほかの選手の演技を観察する余裕はありませんでしたが、東京予選大会で優勝した男性は、物腰のやわらかな落ち着いた印象の青年でした。

予選大会が終わってから、競技の様子を撮影したビデオを繰り返し見て、彼のいいところ、自分の悪いところを何度もチェックしました。

技術的には問題がなく、手順もほとんど同じです。あるとすれば「心構えの差」でしかないようでした。


競技会に限らず、私の清掃はテクニックや効率が優先だったのです。

職場でもいちばん若く、清掃技術は誰にも負けない、負けたくないという気持ちでやってきました。ずっと頑張ってきて、ようやくこれだと思う道が見つかり、手応えを感じ始めていただけに、思い上がっていたのかもしれません。

課長は日ごろから、私の欠点に気づいていたのでしょう。

東京予選大会のほかの選手の演技を客観的に見て、あらためて「やさしさ」が足りない部分をはっきり感じたのだと思います。

かたちから笑顔を

では、いったいどうしよう。まず考えたのは、「かたちから入る」ことでした。

私の顔は緊張すると怒っているように見えるようです。気持ちに余裕がないときには、特にそうでしょう。

必死の形相で作業をしている姿は、けっして感じのいいものではありません。

鏡を見ていろいろ試したところ、母音の「い」を発音する口の形にして、口角を左右にひっぱるように意識すると、笑っているような表情になることがわかりました。

まずは、かたちからスマイル、スマイルです。

次に、道具の持ち方です。

特に、バキュームやポリッシャーのコードはくねくねと床をはうので、いかにも清掃中という感じになってしまいます。以前は、自分がつまずかないよう、あるいは作業の邪魔にならないようにコードをさばいていましたが、お客さまになるべく美しく見えるような扱い方を工夫しました。

姿勢や歩き方にも気を配るようにしました。

ドタバタ動いたり、猫背になったり、だらだら歩く姿は、印象がよくありません。姿勢はまっすぐ、キビキビとなるべく軽やかに。簡単ではありませんが、意識することで少しでも感じのいい立ち居振る舞いができないか、見直しました。

そうすると、自然に清掃の仕方が「やさしく」なります。

前かがみになって、ガシガシ力まかせに落とすのではなく、ソフトにふんわり汚れにアプローチする。そのほうが作業の手間が省けることも発見しました。

たとえば、カーペットの汚れやホコリ。表面にとどまっているだけなら、それほど手間もかかりませんが、奥に押し込んでしまうと落ちにくくなります。

また、床全体を均一に拭こうとすると、お客さまが邪魔に感じられますが、目で汚れを見分け、それほど汚れていない場所は軽く済ませ、汚れやすい部分だけをしっかり清掃する。そのほうが手間もはぶけます。つまり、自分の段取りで清掃しようとするからこそ、お客さまが邪魔に思えるのです。

そこで、空いている部分を先に清掃し、使用中だった場所をその後に清掃すれば、お互いにストレスを感じませんし、時間だってそれほどかかるわけでもありません。さらにお客様がいない時間帯で定期的に全体を清掃します。

お客さまが清掃の邪魔なのではなく、私自身がお客さまの邪魔をしていたのです。それがわかってからは、清掃中のエリアにお客さまが入ってきても、気にならなくなりました。私が作業を中断して「どうぞ」とお譲りすればいいのです。すると、お客さまも「ありがとう」と言ってくださいます。これはそれまでにほとんどなかった経験でした。

今まで声をかけてもらうことなんてなかった。

もしかしたら、これが課長の言う「やさしさ」なの？
あいさつが返ってくると、こちらも自然に笑顔になれます。自分の段取りだけを考えて作業していたときにはなかったことでした。

全国大会でのリベンジを誓う

一方で、競技大会については「このままでは終われない」という思いが強くなってきました。東京予選大会で優勝はできなかったものの、銀賞でしたから、全国大会でリベンジするチャンスがあります。

ここであきらめるのはいやだ。

一時は出たくないほど落ち込み、死ぬことさえ考えていましたが、もう一度、挑戦してみようと思い直したのです。

東京予選大会は8月で、全国大会は10月。あと2カ月しかありません。全国大会も競技内容はまったく同じです。

手順はすべて覚えているとはいえ、体はまだ「やさしさ」になじんでいません。もっと練習しなければと私はあせっていました。


そのため、仕事を終えた後、17時から21時までさらにハードな練習を続けました。「まだだね」「まだまだ」と言いながら課長もよくつきあってくださいました。「もっとこういうふうに」とダメ出しされ、今までより細かい指導が入ったのです。

「清掃はやさしさ」と自分に言い聞かせながら、何度も練習を繰り返しました。


この年の全国大会は、大阪で開催されました。

ビルクリーニング技能競技会がはじまって5回目。過去4回はすべて東京が会場で、毎回、東京の選手が優勝していました。

大阪の人たちは初めて地元で開催される大会だから、今回こそ負けられないと感じ、東京からの遠征組は今まで実力で勝ってきたことを証明しようと、例年より盛り上がっていたようです。

全国ビルメンテナンス協会の人たちからのお声掛けで、東京代表の補欠を含む4選手が協会の競技場に集まり、何度か特訓を受けました。

先生方からアドバイスされ、ほかの選手の練習を観察することができたのも、いい経験になりました。

いざ、大阪へ

今度こそ、優勝したい。鈴木課長に喜んでほしい。

その一心で練習を続けました。ところが、肝心の大会の日、課長は海外出張が入り、同行してもらえません。

そんな、どうしよう……。

とはいえ、会社も初めて全国大会に選手を送り出すということで、心細げな私をフォローするため、中村主任と曽ヶ端さんが同行することになりました。先輩2人に引率され、大会前日に大阪に向かいました。

下見のために会場を訪れると、東京予選大会よりはるかに大きな規模に驚きました。全国大会は「ビルメンヒューマンフェア」の中の行事として開催されます。このフェアは業界でいちばん大きなイベントで、清掃機器や関連製品が多数出展されるため、ビルクリーニング関係者が大勢訪れます。

数百人規模の東京予選大会とは違い、2日間で数万人もの人々が来場したと後で聞きました。ビルクリーニング技能競技会は2年に1度の開催。フェアの中でも注目の高いイベントでした。

競技コートは一段高くなっていて、ステージのようにしつらえられています。そして周囲をぐるりと囲む、いすの多さにもびっくりしました。

私は明日、ここで競技をするんだ。

覚悟は決めていたものの、足がふるえそうになりました。しかも、課長はいません。選手である私と先輩たちが宿泊するホテルは違い、場所も離れていましたが、１人になるのが怖かった私は、先輩たちを遅くまで引き留め、お酒を飲んで不安をまぎらわせました。

やっぱり今回もダメなんだ……

試合当日になりました。

競技はくじ引きで順番が決められます。私の出番は12番目。東京予選大会で優勝した男性がトップバッターでした。

私は緊張のため、ほかの選手の演技を見ることはなく、ひたすら手順を頭の中でおさらいし、心を落ち着かせました。


「12番、東京地区代表、田中春子さん」


手を挙げて競技コートに向かいます。

コートの脇に用意してある道具を確認し、所定の場所まで移動します。いすを持ち上げて、デスクに置いたら、作業を開始。何十回、何百回と繰り返した作業です。手順や動作に関してはなんの不安もありませんでした。

動きにムダがないように、でも乱暴にならないように、やさしく。競技の間は夢中でしたが、後で聞くとほほえみながら作業をしていたようです。

競技が終わり、最後に一礼。あっという間の20分でした。


終わった。

自分では精一杯やったつもりですが、出来映えがどうだったかはわかりません。

演技が終わると、東京の先生が駆け寄ってきて、

「いやー、よかったよ。でも、惜しかった。もうちょっと早ければ20分を切ったのに」

と声を掛けられ、がっかりしました。タイムも審査の対象になるからです。


やっぱり今回もダメなんだ……


競技は続いていましたが、他選手の演技を見る気持ちにもなれません。

いったん会場を出ると、驚いたことに大きなモニタで競技の様子が中継されていました。コートの周辺だけでなく、場外でも競技会が見られるようになっていたのです。

私に気づいて何人かの方が、

「さっき、競技をなさっていた方ですよね？　素晴らしい演技でした」

と握手を求めてきましたが、協会の人から指摘されたタイムのことが気になって、喜

ぶ気にもなれません。

丁寧にしすぎたのかしら？

あそこでもっと早く動けばよかった。

と頭の中で振り返り、どうかよい結果を……と心の中で祈りました。

すべての選手の競技が終わり、いよいよ順位の発表です。このときの全国大会は7位までが表彰され、それぞれに賞の名前がついています。

「7位、全国ビルメンテナンス協会会長賞は、東北地区代表、○○○○さんです！おめでとうございます！」

名前を呼ばれなかったのを聞いて、入賞もできなかったんだ……と思いました。目には涙がにじみます。

情けなくてその場にいるのがいたたまれなくなり、「もう帰る」と立ち上がりかけました。

いっしょにいた先輩たちが「まあまあ。せっかく大阪まで来たんだから、最後まで聞こう」と引き留めてくれなかったら、そのまま帰っていたでしょう。

さらに表彰は続きます。

「5位、雇用促進事業団理事長賞は、東京地区代表、○○○○さんです！　おめでとうございます！」

なんと、東京代表の選手が入賞しました。

もう我慢の限界です。目から涙があふれて止まりません。今まで何をやってきたんだろうというむなしさを感じ、「帰る」という気力さえ、失っていました。

4位、3位、2位と進んでも、私の名前は呼ばれませんでした。そして、最後の1位の発表になりました。

「さて、いよいよ優勝者の発表です。優勝、労働大臣賞受賞は、東京地区代表、田中春子さんです！　おめでとうございます！」

いちだんと大きい拍手が会場に巻き起こりました。

呼ばれるとは思っていなかった私は、アナウンスもまったく耳に入らずぼんやりしていたのですが、先輩たちが私の肩をどんどんたたき、

「やった！」「すごいよ！」「優勝だ！」「ほら、前に出て！」

と大興奮しています。

「え、どういうこと？」

気づくと会場の人たちが私のほうに向かって拍手しています。顔なじみの全国ビルメンテナンス協会の先生方や東京から友達たちがガッツポーズで笑顔を見せています。


えっ、私？

私の名前が呼ばれたの？

すっかり自信を失っていた私は、自分の名前が呼ばれたのにも気づかなかったのです。先輩たちから押し出されるように前に進み、表彰状をいただきました。

すごい数のフラッシュがいっせいにたかれ、たくさんのカメラが向けられている現実が、信じられませんでした。

私は優勝したのです。

「恩返しができた！　大阪に来たかいがあった！」

優勝のうれしさより、課長にいい報告ができるという安堵感のほうが大きく、これで堂々と東京に帰れるという喜びをかみしめていました。

「優勝するのはわかっていましたよ」

私は第5回ビルクリーニング技能競技会全国大会で優勝。労働大臣賞（現在は厚生労働大臣賞）を受賞しました。

全国に数万人いるビルクリーニング技能士の頂点に立ったのです。27歳での優勝は史上最年少。後で聞いたところ、満点だったと聞きました。

すぐに課長に報告したかったのですが、授賞式の後は業界紙の取材やインタビューなどが続き、祝勝会などもありました。

たくさんの方からお祝いの言葉をいただき、労働大臣賞というのはそれだけ大きい賞なのだとあらためて感じました。


鈴木課長に国際電話をかけたのは、その日の夜。ホテルに戻ってからでした。

いろいろ話したいことがあったはずなのに、

「課長、優勝したよ」

と言うのがやっとでした。泣くまいと思っても、やっぱり涙がこぼれます。


「優勝するのはわかっていましたよ」

電話の向こうから、課長の声が聞こえてきました。

その一言を聞いて、私の目からはさらに涙があふれました。

第6章

恩人の死

「常務、どうして死んじゃったの？」

「田中春子」から「新津春子」へ

全国大会で優勝した後、私は正社員に昇格しました。

入社時は、アルバイトで採用してほしいとお願いしました。鈴木課長のもとで、ぜひ清掃の技術を学びたかったたからです。そして、課長はほかの社員とわけへだてなく、さまざまな研修に参加させてくださいました。

ビルクリーニング技能士の資格も、この会社にいたから取得できたのです。

鈴木課長は、職業能力開発センター時代からの恩人です。

日本でいう恩人と中国の恩人は、少しニュアンスが違い、「親以上にお世話になった方、この人がいなかったら生きていけなかったぐらいご恩のある方」という意味です。

私にとってはそれぐらい大きな存在でした。

だからこそ、対外的な評価につながる形でご恩返しがしたいと思っていました。清掃の職人になっていくなかで、ほかにもっと条件のよい職場があったかもしれません。でも、やっぱり私は尊敬できる人のもとで働きたかったのです。

清掃の職人として一人前になるまで、この会社で頑張ろう。

その後の身の振り方は、またあらためて考えるつもりでした。ところが、全国大会に優勝したことで正社員になる道が開けました。課長の下でこれからも清掃技術を磨いていけるのは、私にとって願ってもないことでした。

優勝は、プライベートでも、大きな変化をもたらしました。

実は、私には、音響会社に勤めていたときに知り合ったフィアンセがいました。でも、清掃の職人としてやっていく見通しがつくまで、結婚したくなかったのです。日本に来て、「田中春子」になった自分に対してのけじめでした。

でも、ビルクリーニング技能士の資格を取り、全国大会で優勝して、ようやく結婚する気持ちになりました。「田中春子」から「新津春子」になり、新しい人生を歩みはじめたのです。

一変した周囲の目

うれしかったのは、自分のことだけではありません。鈴木課長が部長に昇進したのです。

鈴木課長は、空港関連の事業を展開するグループ企業の中で、清掃に関しては定評がありました。とはいえ、けっして華やかな分野ではなく、対外的な評価につなげるのは難しいジャンルです。

しかし、私が全国大会で優勝したことで、グループ内の評価が一変しました。「労働大臣賞」という賞をいただくのは、それだけインパクトがあったのでしょう。

受賞後は社内だけでなく、鈴木課長改め鈴木部長といっしょにグループ会社のあちこちに呼ばれ、祝福を受けました。

当時はちょうど21世紀に向けて、羽田空港を発展させていこうというタイミングでもありました。

鈴木部長は完全自立走行の清掃ロボットの開発などにも着手。新しい清掃方法へのチャレンジや仕組みづくりにも積極的な方でした。さらに、英語が堪能だったので、2年に一度、アメリカに視察に行き、先進的な清掃システムを学び、清掃技術や機械を導入していました。

部長はもともと清掃畑ではなかったのですが、羽田空港のターミナルビルを運営・管理する親会社の意向で、会社の立ち上げから関わり、空港清掃というジャンルを確立した方でもありました。

国がビルクリーニング技能士という資格を認可する前から、清掃員の地位向上にも熱心で、制服を明るいデザインに変え、協力会社を「パートナー企業」、清掃員を「クリンクルー」と呼んで、意識改革を推進していました。パートナー企業の人たちともコミュニケーションを深めて、清掃品質をより向上させていこうとされていました。

このように、ビルメンテナンス業界においては、すでに存在を知られていましたが、会社内、グループ内での評価はそれほどでもありませんでした。

私個人が認められたことより、部長のこれまでの取り組みにスポットがあたり、グループ内で注目されるのもうれしいことでした。

イチ清掃員から教える立場に

しかし、全国大会での優勝がゴールではありません。私にはまだまだ、学ぶべきことはたくさんありました。

大会に優勝したことで、清掃技術を磨くだけでなく、人材を育成していくという目標が加わりました。

うちの会社は清掃事業を行っていますが、社員自身が清掃をするよりも、協力会社の方々にお願いするほうがずっと多く、現場をチェックし、清掃の品質を守るマネジメントにも力を入れる必要があります。

ただ、監督する立場の人こそ、本当に清掃を理解していなければ、スタッフを指導することも、品質を維持することもできません。社内で指導するために必要な資格はすでに持っていましたが、１９９９年には、「職業訓練指導員免許（建築物衛生管理科）」を取りました。

ちなみに、「職業訓練指導員免許」とは、外部でも職業訓練ができる国家資格に準ずる資格です。取得すればかつて学んだ職業能力開発センターのような公共の職業能力開発施設などでも教えられます。

実務経験と一定の資格に加えて、以下のような48時間講習を受ける必要があります。

・職業訓練原理…職業訓練の沿革・意義・目的、職業訓練指導員の役割等
・教科指導法……訓練計画、指導の準備・進め方。教材の活用、訓練評価等

・労働安全衛生…安全衛生の管理、安全の確保、衛生作業環境
・訓練生の心理…訓練生の心理、生涯発達の心理、技能習得の心理等
・生活指導………生活指導の目的・範囲・方法等
・関係法規………職業能力開発促進法、職業安定法、労働基準関係法等
・事例研究………作業分解・実技指導案等の事例研究
・確認テスト……合格者には講習修了証書を授与

資格を取れば実力がつくわけではありませんが、清掃についていろいろな角度から学ぶことは、自分の知識や技能のおさらいになります。経験だけでは身につかない法律のこと、教えてもらう側の心理、具体的なケースについて勉強できる貴重な機会になりました。

ただの清掃員から一歩進んで、職人として進む道があると知ったのは、職業能力開発センターに入校したころでした。段階を踏んで1つずつクリアできたのは、本当にラッキーだったのだと感じます。現場一辺倒だった私が、資格取得や研修に積極的になれたのも、鈴木部長のおかげだったのです。

中国の空港を見学

社内ではビルクリーニング技能士の資格に挑戦する人が増え、私も受験のお手伝いをするようになりました。

現在、実技試験と同じサイズの作業コートが社内にあり、練習用の機材もひととおりそろっています。これもまた、部長の肝いりで設置されたものでした。広い視点で羽田空港の清掃に取り組み、品質を向上させていくための体制が少しずつ整ってきたのです。

その後、鈴木部長は、常務に昇進されました。

２００３年には社長と常務、営業部の課長、そして私も加わって、上海、北京など、中国の空港を見学しました。中国には何度か里帰りしていましたが、上海や北京は初めてでした。

中国の空港は、思いのほかきれいでした。私が来日したころに比べて、経済的に発展していましたし、２００８年に開催が決まっていた北京オリンピックの影響もあったでしょう。国を挙げて外国のお客さまをもてなそうという機運が高まっていたのだと思います。

驚いたのは空港のトイレに清掃員が常駐していたことです。お客さまが使うたびに、ピカピカに磨き上げています。

羽田で同じような体制をとるのは無理ですが、無人になりがちなトイレはいったん汚れはじめるとどんどん汚くなってしまうものです。屋外のトイレが汚れがちなのは、「人目がない」という点も大きいはずです。

不思議なもので、きれいな空間は汚したくないという心理が働き、きれいに使っていただけるものです。その点、スタッフが常にスタンバイしていれば目が届くだけでなく、それだけで汚れの防止につながります。汚す暇もないほど清潔にという気持ちが伝わってきました。

清掃の機械化も進んでいました。ヨーロッパの清掃システムを取り入れて、道具や機械がヨーロッパ製のものばかりなのも驚きでした。

作業中の清掃員に、私が中国出身なこと、日本で清掃の仕事をしていることを話すと、東北なまりの強い中国語に親近感がわいたのか、喜んでいろいろな機械や道具を見せてくれました。

私が暮らしていたころ、中国で清掃という仕事が成立するとは考えてもみませんでしたが、近代化が確実に進んでいると感じました。

1つでも覚えてくれたらうれしい

指導する回数が増えるにしたがい、私の指導方法も少しずつ変わってきました。

以前は、自分を基準にして

「なんで覚えてくれないの」

「どうしてこんな簡単なことができないのかしら」

とイライラしていたものです。

でも、清掃の仕方を見直すようになって以来、違っていて当たり前だと思えるようになりました。


「覚えてくれない」「理解してくれない」というのは、自分本位の考え方です。

清掃に関わるきっかけやキャリア、事情は人それぞれ。私のように、ほかの選択肢がなくて清掃の仕事に就く人もいれば、気軽なバイト感覚の人もいます。

体力がある人がいれば、ない人もいて、仕事やお金、人生に対する考え方もさまざまです。そういうスタッフに無理に教え込もうとしてもダメ。最初からこちらの思い通りにできることのほうが、むしろ珍しいのです。

私が教えたことを「なるほど」と思い、そのとおりにやってくれる。1つでも覚えてくれれば、その人の技術になります。

手順でも、機材の扱い方でも、洗剤の知識でもなんでもかまいません。

私が伝えたいことが受け取ってもらえた。

理解し納得したうえで、作業をしてくれる。

それだけで、うれしいと感じるようになりました。

もちろん、飲み込みの悪いスタッフもいます。でも、何度か繰り返せば納得してくれるかもしれません。

一方、できないのは、教え方が悪いせいでは……と自分を振り返るようにもなりました。

頭で理解していても、気持ちにストンと落ちてこなければ、なかなか身につかないものです。そもそも私自身、以前は知識や技術に頼り、がむしゃらに清掃していたのです。

「清掃はやさしさ」と気づいたことで、私自身の清掃だけでなく人に教えるときの気持ちも変わったのです。

やる気と適性を見極める

業務に慣れないうちは、仕事のキモになる部分が案外わからないものです。ある程度、時間がかかる一方で、興味のあるジャンルなら頑張れる場合もあります。

たとえば、男性に多いのですが、清掃の基本である拭清掃やトイレ清掃には気乗りしないのに、バキュームやポリッシャーなどを動かすのは大好きという人がいます。

そういう人には、機械の操作方法を教えてから、基本に戻ります。その時になると本人は基本が大事だと気付いていますので、そうすれば興味を失うことなく、ひととおりのことを覚えてもらえる。

仕事に対するやる気を見ながら、教える側がその人に合わせたアプローチを考えることも大切です。

最近、若い女性に、骨格がきゃしゃな人が増えています。食生活やダイエットの影響もあるのでしょうか。やる気があっても体力が今ひとつ足りないような気がします。自分の限界を自覚しているからでしょう、よりハードな仕事をまかせようとすると

「私には無理です」

「これ以上、できません」

という反応が返ってきてしまうのです。

男性なみに頑張ってしまう私から見ると、物足りない気もしましたが、やっぱり男性と女性では、体力も適性も違います。

女性は細やかな気配りができる人が多いので、お客さまがいらっしゃる時間帯の日常清掃に向いています。

実際、清掃員はお客さまに声をかけられる機会が意外と多いものです。羽田空港のターミナルビルは広く、商業施設もたくさんあります。

トイレの場所、各航空会社の受付、モノレールやリムジンバスの乗り場などをたずねられることが少なくありません。ＡＴＭや空港限定のおみやげ品や話題のお菓子を

売っているお店を聞かれることもあります。

スタッフが常駐するインフォメーションがありますが、お客さまはあちこちを巡回している清掃員についい声をかけてしまうのです。

空港の清掃はサービス業の側面が大きいので、お客さま対応がしっかりできる女性スタッフは貴重な戦力です。協力会社の方々のお手本にもなります。


また、男性に多いのですが、パワーが必要な作業はいとわないけれど、コミュニケーションが苦手という人がいます。そういう人は、1人で黙々と作業ができる深夜や早朝などの時間帯を希望します。

もともと清掃の仕事に携わる人は、人と接することが不得意なのでこの仕事に就いているという人も少なくありません。そういった適性も見極めたうえで、それぞれに合った仕事で頑張ってもらえればと考えています。

自己流のやり方には理屈で対抗

一方、年配のベテラン清掃員の中には、自己流の清掃方法にこだわる人もいます。あるとき、手すりがうっすら黒ずんでいることに気づきました。水拭きしても落ちません。

手すりなどの金属類に使う洗剤は、こちらで適切な濃度に調整したものを使用しています。こういったことはほぼ起こらないので、「どうして変色したのだろう？」と不思議に思い、担当のスタッフに確認してみました。

すると、驚いたことに、会社が用意した洗剤を使わず、市販の漂白剤を使っていると答えました。

スタッフが言うには、以前の職場では、その漂白剤を使うのが当たり前だったそうです。しかし、うちの会社では漂白剤を使うことは、まずありません。

まして、わざわざ自宅から市販の漂白剤を持参して使っていたのでした。

適切な洗剤を使わないと、きれいにならないうえ、すすぎが十分でないと洗剤の成分が残り、変色の原因になります。

彼女は、長年の経験から市販の漂白剤で清掃したのだと思います。

しかし、適切な洗剤や道具を使わないと、清掃した場所を逆に傷めます。少しずつ汚れが蓄積したり、キズがついたり、このケースのように変色したりします。

「清掃はやさしさ」というのは、素材に対しても同じです。

素材本来のかがやきや美しさをキープするためにも清掃は必要です。きちんとした方法で行われた清掃は、気持ちよく使えるだけでなく、長持ちさせることにつながります。メンテナンスの回数や手間を減らせるので、長い目で見て結局、低コストです。

ひとくちに洗剤といっても、素材や場所によって選び方が変わってくるのです。

私は約80種類もの洗剤、50種類の道具を使い分けていますが、それにはちゃんとした根拠があります。

「長年その方法でやってきたのに……」と不満そうな彼女には理由を説明し、今後、市販の漂白剤はいっさい使わないようにお願いしました。

彼女のような方には、日ごろの「報・連・相」が必要です。

信頼する仲間の死

羽田空港のターミナルビルがオープンしたのは1993年のこと。私が入社したのは、その2年後の1995年です。

1998年には暫定の国際線ターミナル、2004年には第2ターミナル、2010年には新国際線ターミナルビルがオープンし、空港はどんどん発展しています。空港の清潔さを維持する清掃の役割も、ますます大きくなっています。

そんな中、悲しい出来事がありました。

入社後、初めて配属された機動班のリーダーで、直属の上司だった中村課長が45歳という若さで亡くなったのです。膵臓《すいぞう》がんでした。

入社当時はまだ主任だった中村課長もまた、私にわけへだてなく接してくれた方で、空港の清掃についていろいろと教えてもらいました。ビルクリーニング技能士の試験を受けるときも練習を見てくれたり、大阪で開催されたビルクリーニング技能競技会にもつきそってくれたりなど、思い出がたくさんあります。

なかでも入社当時、グループ内の男性寮の清掃に行ったときのことは忘れられません。

トイレの水の出が悪く、汚物があちこちに固まって虫がわいているだけでなく、酔っ払って吐いたあともそのままになっていたのです。週に1回の清掃ということもあり、ここまで汚れてしまったのです。

私は、あまりのひどさに、悲鳴をあげました。

「主任、これいったいどうしたらいいの？」

「だいじょうぶ、よくあることだよ」

どこから手を付けていいかわからず、私が立ちすくんでいるのに、道具など使わず、汚物をどんどん素手で片づけていくのです。ほぼ主任が１人で作業をやってくれたので、その潔さにとても感動したものです。

いざというとき頼りになり、ともに働いてきた「戦友」のような存在でした。

入院する前は、とても顔色が悪く「疲れがとれない」と話していたのを覚えています。でも、まさか、亡くなるなんて……。

若いので進行が早かったのかもしれません。開腹手術をしたものの、すでに手の施しようがなかったそうです。

まだ、小さいお子さんを２人残して、どんなに無念だったことでしょう。しばらくは彼の死が信じられず、ぽっかりと穴が空いたようでした。

そして常務まで……

私が入社して10年が過ぎようとしていました。

5月に公益社団法人東京ビルメンテナンス協会、7月には一般財団法人建築物管理訓練センターから、勤続10年の表彰を受けました。

夢中で駆け抜けた、密度の濃い10年でした。

やりがいのある仕事と職場に恵まれ、いつの間にか私は、「自分の居場所」に悩むこともなくなっていました。

清掃には終わりというものがありません。きれいにしても、時間が経つとまた汚れます。同じことの繰り返しに見えますが、勉強もまた、どこまでも続いていくのです。

次々に新しい素材が登場しますし、空港も変わっていきます。対応するのはたいへんですが、課題がどんどん出てくるおもしろさを感じます。

そんなある日、仕事を終え、会社を出ようとしたとき、鈴木常務とすれ違いました。ふと、顔を見ると、顔色が悪いだけでなく白目の部分がとても黄色いのに気づきました。その色にただごとではないものを感じたのです。

「常務、どうしたの、その目。なんだか変だよ。すぐ病院に行って」

「わかった。わかった」

「先延ばしにしないで、できるだけ早く行ってください」

数日後、会社で常務の姿が見えないことに気づき、携帯にメールしてみました。

「検査入院している」

「なんで早く言わないの。病院を教えてください」

3年前に亡くなった中村課長のことが頭をよぎり、胸騒ぎがしました。

さっそく病院の近くに住んでいる女性社員といっしょにお見舞いにうかがうと、そのときはジョークを言うほど元気だったので、一安心して帰りました。

しばらくして、赤岩次長を誘ってお見舞いに行きました。

赤岩次長は、常務がヘッドハンティングしてきた人です。当時は私の仕事にいろいろアドバイスをくれる直接の上司でした。お酒が好きで面倒見のよい常務といっしょによく飲みに行きました。

病室に入り、常務の様子を見てびっくりしました。数日前とはまるで雰囲気が違っているのです。生気がなく、まるで別人でした。

「早く治してくださいね。また、お見舞いに来ます」

そのときの常務は、具合は悪そうでしたが、まだ話すことはできました。しかし、常務と言葉を交わしたのはそれが最後でした。

3～4日後、ふたたび赤岩次長とお見舞いに行くと、「うーん、うーん」とうなるだけで、もうほとんど意識がない状態になっていたのです。

「常務、どうして。なんでこんなに悪くなったの？　目を開けて！」

いくら話しかけても、苦しそうな呼吸が聞こえてくるばかり。看護師さんを呼んでもう打つ手はないようでした。

痛み止めの薬が効いているので、本人に痛みはないと言われたことだけが救いでした。

そんな……。なぜ？　どうして？

でも、もう無理なんだ、常務は逝《い》ってしまうんだ。

病室を出るともう涙が止まりません。わんわん泣きながら、病院を後にしました。

常務は、私たちを連れて飲みに行くのが好きで、自分から誘う親分肌の半面、お店に行くとみんなとは少し離れて１人でゆっくり飲んでいる姿が目に浮かびます。

空港の拡張に伴い、清掃に関する業務は増え、忙しかったのは確かです。

病院にも行かず、健康診断にも行かず、何年も過ごしていたのを後で知りました。私の知らないところで、常務は無理をしていたのかもしれません。

あの黄色くにごった目の色は、体調の悪さをあらわしていたのでしょう。入院したときにはとても状態が悪く、すでに手遅れだったのです。

そして、お見舞いに行った翌日、常務は亡くなりました。62歳でした。

遺志をつぎ、あらたな気持ちで

常務が亡くなってしばらく、私は放心状態でした。会社には行っていましたが、なにを見ても常務を思い出し、涙がこぼれそうになります。

どんなにお世話になり、頼りにしていたか、あらためて思い知らされました。

でも、常務はもういません。戦友だった中村課長もすでにこの世を去りました。

手元に会社の仲間と旅行したときの写真がありました。あんなに毎日、顔を合わせていながら、常務が写っているのはその1枚だけ。

「これからどうやって進めばいいの？」

「常務、どうしてこんなに早く逝っちゃったの？」

と赤岩次長に話すと、赤岩次長は「常務の存在は大きかったからね。これからは常務の教えを守っていこう」と言いました。

しばらくその写真に話しかける日々が続きました。

いつまでもこのままではいけないと思ったのは、会社に残された大量の資料を見たときです。手書きのノートをはじめ、常務が集めた清掃に関する本や雑誌、コピーなどがたくさん出てきたのです。生前には見たことのない資料ばかりでした。

常務にはまだやりたいこと、

これからやろうと思っていたことがいっぱいあったんだ。

膨大な資料を見て、私はまだまだ勉強することがあると気づきました。

常務の遺言のようなそれらの資料を保管し、少しずつ整理して、今後に役立てていかなくては……。

私たちへの大きな宿題を残し、新しい道筋を示して、常務は旅立ったのでした。

第7章

2年連続世界一清潔な空港

「空港をきれいにする。それが私の使命」

羽田空港、世界一の栄冠にかがやく

２０１３年と２０１４年、ＳＫＹＴＲＡＸ社が実施する調査において、羽田空港は「清潔な空港世界一」に選ばれました。

世界中の４００を超える空港の中から、２年連続で世界一にかがやいたのです。たいへん名誉なことであり、私たちにとって、とてもうれしいことでした。

ＳＫＹＴＲＡＸ社は、イギリスに拠点を置く航空サービスリサーチ会社で、毎年、世界の空港や航空会社の評価を行っており、評価項目は空港の使いやすさや機能、清潔さなど多岐にわたっています。

調査時期については、まったくシークレットです。１年のうち、調査員がいつ空港を訪れ、どんな形で調査するかは公開されていません。

いわゆる「抜き打ち検査」なので、事前に準備したり、調査員の来訪に合わせて対応することはできないのです。

いつ訪問されても清掃が行き届き、どこをチェックされても清潔な状態にしておかなくては、「世界一」という評価はいただけません。

2年連続で世界一を達成できたことは、非常に励みになりました。

しかし、私はとてもうれしい半面、心が痛みました。

なぜ今、常務がいないのだろう。

生きていたら、この栄冠をどんなに喜んだかしら。

いっしょにお祝いできなかったことだけが、残念でたまりません。

常務が先頭に立って築き上げてきたシステムがあってこそ、世界一になれたのですから。種をまき、水や肥料を与えて、育ててきたものがようやく実を結んだのに……

常務の不在をあらためて寂しいと思いました。

連携プレーで清潔さを保つ

2年連続で羽田空港が世界一にかがやいたのは、羽田空港ならではのシステムのおかげだと思います。

広い空港の担当エリアを清掃員が一生懸命、清掃しているだけでなく、清潔さを維持するチェック体制が確立されているからです。

大勢のお客さまが利用される場所ですから、決まった時間や回数だけでは対応できないケースも出てきます。

それを放置しないで、スピーディに対応する。清掃員が予想外の作業にもスムーズに取りかかれる。その体制づくりが重要なのです。

たとえば、団体の方々が集合された後は、ゴミがいろいろ落ちているものです。

団体のお客さまに限らず、ふと見ると、ソファまわりにスーツケースを引きずった跡が残っていたり、洗面所が思いのほか汚れていたり、コインロッカーに飲みものがこぼれて濡れているのを発見することもあります。

そういう場合、少しでも早く見つけて対応することが大事です。

時間が経つほど汚れが広がり、お客さまに不愉快な思いをさせてしまいます。クレームが入る前にスピーディに処理する。これが鉄則です。


羽田空港では、清掃員とは別に、空港内を巡回して、汚れている場所をチェックするスタッフがいます。

ゴミが落ちていれば自分で拾いますし、プランターの花が枯れていれば摘んできれいにします。歩きながら汚れている場所に気づいたら、即センターに連絡を入れます。「第1ターミナルの2階、S・◯◯のトイレの床がぬれているので清掃をお願いします」という感じです。

洗面所にはすべて「S・◯◯」「N・◯◯」と番号がついています。Sが南ウイング、Nが北ウイングのことです。

お客さまからご指摘があった場合は、近くの目標物などをお聞きします。連絡があるとセンターから近くにいる清掃員に連絡して、該当箇所の清掃をお願いします。たとえば、トイレのスタッフは通常、同じフロアの男女トイレ、多機能トイレ、冷水器、授乳室をセットで担当しています。広いフロアは左右2つにわけて担当しているので、移動距離はそれほど長くありません。

連絡を受けた清掃員は、いったん持ち場を離れ、指示された場所に向かって、清掃に取りかかります。

フロアの一角の目立たないところに、ひっそりと清掃用具一式を収納したカートが置いてあるので、道具を持ち歩かなくても、ほとんどの作業ができてしまいます。そして、清掃が終わればセンターに報告して、ふたたび自分の持ち場に戻ります。

報告を受けたセンターから、汚れた場所を見つけたスタッフにふたたび連絡して、一連の作業が終わります。

そのため、1つの清掃に対して、必ず次のようなチェック体制が取られます。

1　通常の清掃

2　巡回スタッフのチェック
3　汚れている箇所を発見↓センターへ連絡↓清掃員に連絡
4　スポット的な清掃を実施↓終了後、担当エリアへ戻る
5　報告を受けて巡回スタッフが事務処理を行う
6　作業完了

この繰り返しが清潔な空港を保つ原動力になっています。

また、選任の巡回スタッフ以外でも、課長以上など、一定の役職以上についている社員は、自分自身の裁量で随時見回ることになっています。

私もそうですが、自分の目でチェックしていないと、責任を持てません。どういう状態がベストなのか、どんな素材が使われ、どういう場所が汚れやすいのかがわからないからです。

毎日とは限りませんが、仕事の合間を見つけながら、可能な時間を巡回にあてて、清掃が行き届いていない部分がないか、しっかりとチェックします。

すぐ対応できない場所は、写真を撮っておき、センターや協力会社の人たちと共有

して、清掃スケジュールの中に組み入れます。

たとえば、センターの責任者を務める赤岩次長はよく、定時前の早朝に出社して巡回しています。清掃が行き届いていない場所がないか、自分自身で把握すると同時に、試験的にワックスや研磨した箇所を確認するためでもあります。

いったんきれいになっても、1週間、1カ月と時間が経過するうちに状態が変わるケースがあります。どんな薬剤を使うのがいいか、その状態を見ながら決めていくのです。

次長は実際の清掃作業にも精通していますから、協力会社にも細かく指示を出すことができます。

清掃に終わりはありません。地味ですが、この蓄積と繰り返しが大切です。スタッフ同士の連携プレーがきれいな空港を支えているのです。

効率的な清掃方法で作業する

もちろん、このシステムは長年かけてつくりあげてきたものです。

私が入社したころ、国内線は1つのターミナルだけでしたし、国際線ターミナルは2階建の小規模なものでした。人数も少なく、情報の共有が比較的しやすかったのです。

しかし、ターミナルの拡張とともに、清掃箇所が増え、協力会社のスタッフもどんどん増えていきました。きちんとした体制をつくり、作業手順や注意事項をマニュアルに落とし込んでいかなければ、清掃のクオリティが維持していけません。

新しいターミナルがオープンするときは、とてもたいへんでした。

ある程度、工事が進むと、作業員の方が洗面所やトイレを使えるようになりますから、私たち清掃員が事前に見学します。
そのときに各施設の写真を撮って、素材や構造などを調べ、清掃の仕方を決めます。

どういう洗剤や道具を使い、どういう手順で清掃するか。
どの時間帯に清掃し、どうスタッフを配置するか。

この準備がもっとも重要で、正式オープン前にすべて決めておかなければなりません。たとえば、人造大理石、タイル、木のフローリング……床材1つとっても、対応可能な洗剤が違います。適切な洗剤を使わないと素材を傷めてしまいます。

効率的に作業ができる方法を考え、清掃員を募集・教育し、シフトを組んでいく。
通常の清掃をしながらですから、その時期がもっとも忙しく、仕事量が多い時期です。清掃員の数はどんどん増え、現在では国内線の第1・第2ターミナルでは、先に紹介したように、毎日約500人のスタッフが清掃にたずさわっています。

空港の清掃という難しさ

空港の清掃には技術面だけでなく、オフィスビルとは違う難しさがあります。

まず、基本的にお客さまがいらっしゃるときに清掃を行います。もちろん、早朝や夜間の作業もありますが、利用される洗面所、ロビーなどの清掃は日中に実施しています。

つまり、お客さまの目に触れることを前提として、作業をしなければなりません。

すなわち、きれいになりさえすればＯＫというわけにはいかず、「サービス業」としての清掃を意識する必要があります。

たとえば、身だしなみもその１つです。

清掃員の制服は決まっていますが、だらしない着こなし、前をはだけていたり、アクセサリーをじゃらじゃらつけたりするのはＮＧです。

女性は髪の毛が目にかかったり、落ちてこないように、ロングヘアの場合は結んだり、ピンで留めたり、きちんとしたスタイルにするのが基本です。

香水も避けなくてはいけません。アレルギーの方はわずかなにおいにも反応し、くしゃみがとまらなくなるケースもあります。

たとえ作業着であっても、清潔さとお客さまに対する配慮とを忘れてはいけないのです。


また、動作や表情にも気をつける必要があります。

不機嫌そうに仕事をしていたのでは、せっかく楽しい気分で旅行にお出かけになるお客さまの気持ちに水を差してしまいます。

かつての私がそうだったように、作業に夢中になっていると、周囲のことが見えなくなりがちです。

なるべく笑顔で、お客さまの邪魔をしないように気をつけて清掃する。

できれば身のこなしも軽やかに。

「やさしい清掃」とは、見た目にも心地よいこと。ある程度、パフォーマンス的な要素も意識する必要があります。

お客さま満足を考えながら仕事を

すでに触れましたが、清掃員はお客さまによく空港のことを尋ねられます。入社時には会社から仕事の上でお客様の案内をしないといけないと言われたので、各自にノートを持ってチェックしていました。

清掃員であっても、それにしっかり目を通し、お客さまをご案内できるようにしておくのも、仕事の1つです。

あるとき、年配のご夫婦がとても困った様子で「ANAの搭乗口にどうやって行けばよいかわからない」と私に声をかけました。

羽田空港は、第1旅客ターミナルが日本航空（JAL）系列、第2旅客ターミナルが全日空（ANA）系列にわかれています。ANAにお乗りになるのであれば、第2ターミナルになりますが、ここは第1ターミナル。残念なことに逆側に出てしまわれたようです。

電車の改札口を間違えなければ迷いませんが、羽田に慣れていないお客さまの場合、そういうケースが少なくありません。

反対側に出ても、地下でつながっています。いったん下のフロアに行けば、時間はかかるものの、目的の場所に到着できます。しかし、道順を説明して、おふたりだけで向かっていただくのも心配でした。

清掃の途中だったので迷いましたが、仲間に連絡を入れ、第2ターミナルまでごいっしょすることにしました。荷物もお持ちですし、また、迷子になったりするとお気の毒だと思ったからです。

しきりに恐縮されましたが、とてもほっとしたご様子でした。無事に向こうに送り届けると、「ありがとう」と何度もお礼を言われ、お連れしてよかったと思いました。

しかし、仕事はまだ残っています。

清掃は基本的にチーム単位で動くので、1人の作業が遅れると、次の現場に向かえず、その日のスケジュールが狂ってしまう場合もあります。持ち場にダッシュで駆け戻り、自分の作業を進めました。

空港は私たちのステージ

清掃員によっては、

「お客さまをご案内することは自分の仕事ではない」

という人もいます。

確かに私たちの本業は清掃です。しかし、なんのために清掃をしているのでしょうか？

働く側にとっては、生活のため、お金のためかもしれませんが、そもそもお客さまに気持ちよく空港をお使いいただくために、会社は清掃員を雇っているのです。汚れた場所をきれいにするのは「気持ちのよい空港」にするための手段の1つ。服装、身だしなみ、言葉づかい、お客さま対応。すべてクリアできてこそ、プロの清掃員だと私は考えています。

なによりも空港は私たちのステージです。毎日、清掃している私たちが、ある意味でいちばん空港のことを知っています。

すぐ行けるトイレはどこにあるか。どう行けば近道か、緊急の場合はどうしたらいいのか。

空港をすみずみまで知りつくしている私たちが、ご案内するのはとても理にかなっています。

自分のステージを美しく磨き上げると同時に、いつでもお客さまをご案内できるようにしておく。それもまた、「やさしさ」の1つです。お客さま優先で行動するのは当たり前だと思うのです。

なんのために清掃しているのかと考えれば、自然に答えが見えてきます。

「プロフェッショナル　仕事の流儀」に出演

2015年2月と6月の2回、私は日本放送協会（NHK）の「プロフェッショナル　仕事の流儀」という番組に出演しました。

ビルクリーニング技能競技会で優勝したときも、取材が続きましたが、それとは比較にならないほど反響がありました。

お客さまに次々と呼び止められてしまうので、しばらくは空港内を気軽に歩けなかったほどです。これが全国ネットのテレビ番組の威力だと実感しました。

放送後、私は会社のイメージアップに貢献したということで表彰を受けました。とても名誉なことでしたが、頭に浮かぶのは鈴木常務のことです。

鈴木常務にも喜んでもらいたかった。

番組を録画したＤＶＤを常務のお宅にぜひ届けたい。

そう思いました。

会社に対して多くの功績があった方です。私は社長にお願いして亡くなられた鈴木常務にＤＶＤを届けたいと言いました。社長も「会社から感謝状を送りましょう」と言いました。それが今の私にできる精一杯のことでした。

ＤＶＤと感謝状を渡す際に奥さまに初めてお会いしましたが、物腰のやわらかな方で、感謝状をお渡しすると、

「仕事のことは話さない人だったけど、新津さんのことは、主人から聞いて知っていましたよ」

とおっしゃいました。

それを聞いて、また涙があふれそうになりました。

清掃という仕事の魅力

テレビ出演は、ビルメンテナンス協会の方々も大喜びでした。陽の当たらない清掃という仕事がクローズアップされたからです。

専門的な技能と知識が必要なのに、まだまだ専門職として見られていないのが残念でなりません。

私は、清掃の職人としての道を見つけたからこそ、腕一本で生きていく力を身につけることができました。

導いてくださった鈴木常務のおかげであり、空港という職場に出会えたからです。清掃という仕事に真正面から向き合えた環境に感謝しています。

だからこそ、まだまだ社会的な地位が低い清掃という仕事を、専門的な職業として認めてもらい、業界の底上げができるよう、ささやかながら協力していきたいと考えています。

きちんとした技術が身につく仕事であることを知ってもらいたい。

清掃に携わる人にも、腕を磨くチャンスがあるのだと知らせたい。

清掃員の中には複雑な事情があって、この仕事をしている人が少なくありません。人づきあいが苦手だから、1人で黙々とできる清掃を選んだ。リストラされて行きどころがなかった。離婚して女手1つで子どもを育てているなど、もしかしたら恵まれた環境でない人のほうが多いかもしれません。

私たち一家は日本語もわからないまま、日本にやって来ました。

清掃はやる気があれば誰でもできる敷居の低い仕事です。コミュニケーション能力がイマイチでも、勉強が嫌いでもかまわない。そういう人たちも含め、広く受け入れてくれるのが清掃という仕事の魅力です。

でも、言われたとおりの作業をしているだけでは「清掃のプロ」にはなれません。

ちょっと上をめざす気持ちを持つこと。

職人としてプライドを持ち、心を込めて清掃に向き合うこと。

それが楽しさにつながり、仕事をやっていくうちに技術が身についてくる。その積み重ねが自信になり、一人前の職人として生きていくことができるのだと思います。

「環境マイスター」としてやるべきこと

私はいま「環境マイスター」という立場で活動しています。

環境マイスターは、うちの会社独自の「称号」のようなものです。いくつかの任務がありますが、大きくわけると次の3つになります。

・羽田空港の「心を込めた」清掃業務をレベルアップしていくこと
・人材の育成、ビルクリーニング技能競技会の全国大会の優勝者を育てること
・清掃業務に限らず、羽田空港の環境整備に貢献していくこと

今までは、清掃部門を率いるリーダーとして、汚れを落とす技術を自分自身がマスターし、清掃員に対して指導することが中心でした。

これからは技術や知識を、社内だけでなく協力会社の人々に伝え、羽田空港をよりきれいにしていく環境づくりをめざしていくことになります。

私1人が頑張っても、この広い空港の清潔さを守ることはできません。清掃員ひとりひとりのレベルアップが必要なだけでなく、協力会社の皆さんにも協力していただかなくてはと考えています。そして、技術だけではなく、お客さまに心地よくお使いいただける空港にするための「気持ち」を伝えること。これがなにより重要な使命かもしれません。

空港のエントランスにあるモニュメントに刻まれている言葉を思い出します。

訪れる人に安らぎを、
去り行く人にしあわせを
（PAX INTRANTIBVS SALVS EXEVNTIBVS）

美しく、快適な空港を、お客さまのために。

「清掃はやさしさ」ということを教えてくれた鈴木常務の遺志をついで、これからも努力していきたいと考えています。

おわりに

2016年の5月、日本がホスト国になり、第42回先進国首脳会議（愛称：伊勢志摩サミット）が開催されます。各国の首脳だけでなく、海外からたくさんの方々がお見えになることでしょう。

観光やショッピングを目的に、日本を訪れる外国人が年々増え、私にとっては懐かしい中国の言葉を耳にすることも珍しくなくなりました。

グローバルな時代を迎え、空港はますます重要な存在になっていくでしょう。

たくさんのお客さまを迎える場所であることを忘れず、各施設を気持ちよくご利用いただけるよう、努力していかなければと身が引き締まる思いです。

ご縁があり、日本放送協会（ＮＨＫ）の「プロフェッショナル　仕事の流儀」に出演してから、たくさんの応援メッセージやお声がけをいただきました。反響の大きさに最初はたいへん驚き、とまどいましたが、今では「清掃」という仕事に注目が集まったことをうれしく感じています。

目立たない清掃員の仕事に目を向けていただく機会になったのは、何よりありがたいことでした。

地味だけれど大切な仕事。
毎日続ける終わりのない仕事。
気持ちよい環境を守り続ける仕事。

自分の目と手を使い、すみずみまで心を配ってこそ、よい清掃につながります。機械や道具がいくら進化しても、掃除をする人に「きれいにしよう」という気持ちがなければ、おざなりな清掃にしかなりません。

スタッフそれぞれが自分の持ち場に向き合い、誠意を込めた清掃を続けてこそ、清潔な空港を維持していくことができます。

番組でスポットライトが当たったのは、たまたま「新津春子」という個人ですが、広い空港を1人の力できれいにすることはできません。

今、私は約500人の清掃員をまとめる立場になりましたが、ビルクリーニングに関する技術だけではなく、1人ひとりに清掃に対する気持ちを伝えていきたいと考えています。

せっかくきれいにした場所も、1日さぼれば清潔さは保てません。

わずかな汚れやホコリ、キズ、ゴミも見逃さない。心地よい環境を維持するには、そういう気持ちで毎日きちんと清掃しつづけるしかないのです。

けっしてきれいな仕事ではありませんし、体力も使います。でも、「お客さまに気持ちよく使っていただきたい」という思いがあれば、どこをどう清掃すべきかがわかってきます。

あるとき、「新津さんの仕事は心で磨き、心を磨く仕事なんだね」と言われました。まさに、そのとおりだと思います。

どんなに素晴らしい施設も、きちんとメンテナンスしなければ汚れてしまいます。心を込めて清掃してこそ、本来の機能が発揮でき、美しくかがやきます。

人やモノに対する思いやりこそ、よい清掃の原点です。私自身がそう気づいてから、清掃に対する取り組み方が180度変わりました。

それを教えてくださったのは、今は亡き鈴木優常務です。常務のことを思い出すたび、まだやるべきことがたくさん残っていると感じます。

常務だけではありません。これまで全国および東京ビルメンテナンス協会の皆さま、職業能力開発センターの先生方、会社の上司や同僚、協力会社の方々にたくさんお世話になってきました。この場を借りて、あらためて感謝申し上げます。

これからも空港というステージで働くスタッフとともに、清掃の職人として頑張っていきたいと考えています。

新津春子

新津　春子（にいつ・はるこ）

日本空港テクノ株式会社所属。

1970年中国残留日本人孤児二世として、中国瀋陽に生まれる。中国残留日本人孤児であった父の薦めによって一家で渡日。言葉がわからなくてもできるという理由で清掃の仕事を始めて以来、今日まで清掃の仕事を続けている。

95年、日本空港技術サービス（現：日本空港テクノ）に入社。97年に（当時）最年少で全国ビルクリーニング技能競技会一位に輝く。以降、指導者としても活躍し、現在は羽田空港国際線ターミナル、第一ターミナル、第二ターミナルの清掃の実技指導に加え、同社ただ1人の「環境マイスター」として、羽田空港全体の環境整備に貢献するとともに、次代のマイスターを育てる活動を行っている。

また、その仕事ぶりや技術が『プロフェッショナル仕事の流儀』（NHK）、『週刊ニュースリーダー』（テレビ朝日）、『NEWS　ZERO』（日本テレビ）などで取り上げられ話題となる。

著書に、『世界一清潔な空港の清掃人』（朝日新聞出版）がある。

清掃はやさしさ

世界一清潔な空港を支える職人の生き様

2016年3月14日　第1刷発行
2016年6月29日　第4刷

著者　新津 春子

発行者　長谷川 均

編集　大塩 大

発行所　株式会社ポプラ社

〒160-8565　東京都新宿区大京町22-1
電話　03-3357-2212（営業）　03-3357-2305（編集）
振替　00140-3-149271

一般書編集局ホームページ　http://www.webasta.jp/

印刷・製本　共同印刷株式会社

N.D.C.916/223P／19cm　ISBN978-4-591-14940-9